The Tea Cultural Relics Exhibiton Of Zhenjiang Museum

古韵茶香

镇江博物馆馆藏历代茶具 精品展

GUYUNCHAXIANG

王建荣　杨正宏　主编

浙江摄影出版社

责任编辑 陈 云 张再青
装帧设计 毛红有 张甜甜 徐 玮
责任校对 朱晓波
责任印制 朱圣学

图书在版编目（CIP）数据

古韵茶香：镇江博物馆馆藏历代茶具精品展 / 王建荣，杨正宏主编． -- 杭州：浙江摄影出版社，2012.8
 ISBN 978-7-5514-0180-7

Ⅰ．①古… Ⅱ．①王… ②杨… Ⅲ．①茶具—中国—古代—图集 Ⅳ．① TS972.23-64

中国版本图书馆CIP数据核字（2012）第178308号

古韵茶香：镇江博物馆馆藏历代茶具精品展
王建荣 杨正宏 主编

全国百佳图书出版单位
浙江摄影出版社出版发行
　　　　地址：杭州市体育场路347号
　　　　邮编：310006
　　　　电话：0571-85159646　85159574　85170614
　　　　网址：www.photo.zjcb.com
经销：全国新华书店
制版：杭州易象设计有限公司
印刷：浙江影天印业有限公司
开本：889×1194　1/16
印张：7.75
2012年8月第1版　2012年8月第1次印刷
ISBN 978-7-5514-0180-7
定价：128.00元

编委会

主　　编：王建荣　杨正宏

副 主 编：刘丽文　朱珠珍
　　　　　张　剑　郭丹英

编　　委：王永明　刘　敏
　　　　　张小军　姚晓燕

文　　字：刘丽文　张　剑
　　　　　郭丹英

摄　　影：汪星燚
（按姓氏笔画排列）

目录

序一 —————————————————————————————— 005
序二 —————————————————————————————— 006
古韵茶香 —— 镇江博物馆馆藏历代精品茶具概述 ———————— 007
唐代金银茶器研究 ————————————————————— 010
引言 —————————————————————————————— 023
远古旋律 —— 新石器时代至隋代 ————————————— 024
盛世华章 —— 唐、五代 ————————————————— 036
文人情怀 —— 宋代 ——————————————————— 060
溢彩流光 —— 元、明、清 ———————————————— 086
后记 —————————————————————————————— 121
附录 —————————————————————————————— 122

序一

"古韵茶香——镇江博物馆馆藏历代茶具精品展"已经在中国茶叶博物馆圆满落幕，蒙中国茶叶博物馆同人的热忱与厚爱，他们将此次展览的内容汇编成册，以图录的形式出版，并邀请我写几句话。作为一个文博工作者，我为中国茶叶博物馆诸位同人对文化事业的执著与倾力感到由衷的敬佩，对他们付出的辛勤劳动表示衷心的感谢。

镇江和杭州同处江南，有着深厚的历史渊源。大运河将两座城市紧紧相连，流淌不息的运河水成为两座城市永远的纽带，孕育了两座国家历史文化名城。许仙与白娘子在西湖和金山都演绎过一段流传千古的爱情传奇。两地都与博大精深、源远流长的中华茶文化有着不解之缘：杭州是"中国茶都"，产茶历史悠久，"西湖龙井"更是闻名世界；镇江茶叶资源丰富，"金山翠芽"久负盛名，金山寺西的中泠泉，水质甘洌醇厚，被誉为"天下第一泉"。如今，镇江博物馆与中国茶叶博物馆也因茶结缘、以茶联谊、联合办展，演绎了"天下茶人是一家"的佳话。

古韵流长，茶香弥漫。镇江是一座茶文化历史悠久的城市，饮茶之俗、种茶之风均逾千年，"以茶代酒"的典故即出自三国时期的宁镇地区。历史上，由于镇江处于长江与运河两条黄金水道的交汇处，水陆交通便利，自六朝以来，即为长江下游商品中转港口。东南茶叶、南北各窑茶具经长江和运河运抵镇江，疏散运往各地。得此地利，镇江博物馆有幸收藏了大量的制茶及饮茶用具文物，除传世品外，均是历年从墓葬、窖藏和城市文化遗址中出土的，具有浓郁的地域特色。

本次展览，我们精心选调了87件（套）文物精品，均为首次在杭展出。其中，一级文物3件，二级文物17件，时期从新石器时代直到明清，材质包括陶器、瓷器、金银器、玉器、玛瑙器等。以唐代窖藏出土的鎏金银茶具、唐宋各窑陶瓷茶具及紫砂茶具和清宫茶具为特色，全面展示了镇江茶文化的发展进程。相信杭州的观众在欣赏展览时，不仅可以领略到镇江地区茶文化的精髓，见证中国茶文化发展的历史轨迹，还可以此为起点，更多地了解镇江历史文化的深厚积淀。

一堂珍品彰古韵，两馆联展话茶缘。我馆的文物能在国内唯一的茶专题博物馆展出，不仅反映了镇江茶文化在中华茶文化史上的重要地位，而且对增进两馆的友谊与感情，促进两地之间的茶文化交流以及推动国人对茶文化的保护和传承也大有裨益。我们期待着能与更多的兄弟单位携手，加强交流与合作，共同担负起传承优秀文明成果、守护人类精神家园的重任。

镇江博物馆馆长　杨正宏

序二

以茶结缘，以茶会友，弘扬和推广中国茶文化，这是中国茶叶博物馆建馆以来一直践行的理念和目标。

2012年4月，中国茶叶博物馆携手江苏省镇江博物馆，共同推出"古韵茶香——镇江博物馆馆藏历代茶具精品展"，展出镇江博物馆收藏的历代茶具精品87件（套），展览为期两个月。展览落幕后，为了让茶文化爱好者了解更多的展品信息和资料，我们结集出版本次展览的图录。

镇江位于江苏南部，古称丹徒、京口、润州，是一座历史悠久的文化名城，不仅是吴文化的发祥地，也是三国时期孙吴政权的治所，出土了大量精美的文物，也留下了大量宝贵的文化遗迹。

隋炀帝开凿南北大运河后，镇江地理位置更加凸显，成为地处长江和运河这"黄金十字水道"之上的重要城市。隋开皇十五年（595年）置润州，唐开元时分浙西道定治润州，下辖润、常、杭、苏、湖、歙六州。中唐以后，江南茶园种植面积扩大，茶叶产量也有所提高。地处浙西道的润州就是当时重要的产茶区域之一，陆羽《茶经·八之出》载："浙西以湖州上，常州次，宣州、杭州、睦州、歙州下，润州、苏州又下。"同时，位于金山寺西的中泠泉在唐时已被品泉家刘伯刍评为"天下第一泉"，且自唐迄今，盛名不衰。爱茶如命的唐代宰相李德裕曾经三次出任润州刺史，在茶文化史上留下诸多美谈。在镇江丁卯桥窖藏出土的950多件金银器中，除酒器、粉盒、镯、钗之外，其余多为茶具。

宋时，镇江府隶属于两浙西路管辖。镇江成为重要的江南商业城市，城内居民多沿河而居，商肆夹渠而列，商业繁荣。江南茶叶买卖产生的茶利更是宋政府重要的财政收入，南宋时的镇江成为政府设立的三个榷货务都茶场之一，负责管理茶引的发卖。镇江古运河沿岸宋代文化层出土了大量茶器，如黑釉茶盏、执壶、杯等。黑釉茶盏数量惊人，有的茶盏底部还墨书"陈"、"钱"、"刘"、"朱"等，折射出宋代镇江一地饮茶文化的兴盛。值得一提的是，宋代文人范仲淹千古名诗《和章岷从事斗茶歌》中提到的章岷，其墓也在镇江，墓中出土了大量精美的茶器。

明清时期的镇江，还是南北交通枢纽和长江下游重镇，商业繁华依旧。散茶冲泡一直是明清以来饮茶方式的主流，茶文化遗存丰富。西津渡清代遗址出土的道光年间的茶具窖藏，出土了近一百套盖碗和茶盘。而明清墓葬中出土的紫砂茶器也非常多，直观反映了明清时期镇江饮茶文化的兴盛。

杭州和镇江渊源深厚，同为南方的历史文化名城，同为中国著名的产茶区。大运河连接着杭州和镇江，茶则滋养着两座城市的文化。如今，"西湖龙井"和虎跑水再次对话"金山翠芽"和中泠泉，在传承古代茶文化的基础上，促进两地茶产业进一步发展，让古韵茶香再次得以焕发！

中国茶叶博物馆馆长　王建荣

古韵茶香——镇江博物馆馆藏历代精品茶具概述

杨正宏

　　镇江处于长江与运河两条黄金水道的交汇处，水陆交通便利，自六朝以来，即为长江下游商品中转港口。东南茶叶，南北各窑茶具经长江和运河运抵镇江，向东入海运往世界各地。镇江博物馆收藏的茶具除传世的外，还有历年来在墓葬、窖藏、城市文化遗址中出土的制茶工具和饮茶用具，现从中精选出不同品种、不同质地，上起新石器时代，下至明清的茶具精品87件（套），以全面展示镇江古代茶文化的发展进程。其中尤以唐代银器窖藏出土的鎏金银茶具、唐宋各窑陶瓷茶具以及紫砂茶具和清宫茶具为其特色。

　　馆藏的茶具最早可追溯到新石器时代，丹阳王家山新石器遗址出土一件宽把带流黑陶盖杯，同出的有陶罐、陶釜等。当时没有专用的茶具，一器多用，此杯是日常生活中常用的一种饮水器，可看成是茶具的源头。汉代王褒《僮约》中提到"烹茶尽具"和"武阳买茶"，既然烹茶，必定要有茶器和容器，馆藏的汉、六朝陶瓷灶，虽然是陪葬的明器，却是当时煮茶的真实写照。浙江省湖州市东汉晚期墓中出土的一件青釉瓷瓮，其肩部有一"茶"字，显然是用于储藏茶叶的，这类青釉瓷罐在镇江的汉、六朝墓葬中都有出土。此外，在东晋、南朝墓葬中常见有青釉瓷托盘与青釉瓷盏同出，托为浅盘形，平底，托内底有一圈较深的粗弦纹；盏圆唇，腹微鼓，圆饼形实足。托盘当为衬垫茶盏的茶托，是防止"盏热烫指"而设计的一种新器形。

　　唐代开始出现专用的茶具，如唐代长沙窑青釉瓷碗，碗内底有一褐彩"茶"字，陕西西安出土的瓷壶，上有"老导家茶社瓶七月一日买"字样。类似的茶碗、茶瓶在墓葬和遗址中都有出土，如镇江市商贸中心大市口的一处唐代文化地层，发掘面积近90平方米，出土瓷器100件，瓷片1481片，平均每平方米含1.1件瓷器及15片瓷片。在其附近的一处灰坑出土瓷片2317片，出土器物以浙江越窑的茶碗为多。浙江越窑瓷器由曹娥江运到杭州湾，经运河直达镇江、南京等城市，向东入海运往世界各地。唐代茶圣陆羽在《茶经》中评论茶具时说："碗，越州上，鼎州次，婺州次，岳州次，寿州、洪州次。"还作出了两条茶具的遵循标准，越窑青釉碗"口唇不卷，底卷而浅"，意为盏口沿不外翻，底稍外翻，且不宜深。并且称赞"越瓷青而茶色绿"，"青则益茶"，使越窑青釉瓷碗身价倍增并从此进入上流社会。除了瓷质茶具外，还有银质茶具。以镇江丁卯桥唐代窖藏出土的银器为最，共计950余件，出土银器除酒器、粉盒、饰品外，其他的都为茶具。如提梁银锅，此器在唐时称为鍑。《茶经》云："鍑，以生铁为之，洪州以瓷为之，莱州以石为之。瓷与石皆雅器也。性非坚实，难可持久。用银为之，至洁。"鍑是煮茶器，唐代盛行煮茶，茶鍑是重要的茶器之一，将碾好的茶末放入茶鍑中煎煮。陆羽《茶经》还提到茶盒，因唐代盛行煎茶或煮茶，饼茶需碾成茶末煮饮，无论饼茶或茶末都需要用容器存放，比如鎏金双凤纹带盖大银盒，此盒容量大，可用来贮藏饼茶。还比如银托，在西安和平门外出土7件银托，其中一件在圈足内有刻款："大中十四年八月造成浑金涂茶拓子一枚金银共重拾两捌钱叁字。"茶拓子即为银托。茶匙的用途在于取适量的茶粉放入茶盏中，点茶时击拂搅拌汤花，使茶末溶于汤中。蔡襄《茶录》"茶匙"条云："茶匙要重，击拂有力。黄金为上，人间以银铁为之。竹者轻，建茶不取。"银箸，用来夹炭，唐时称火筴。唐代煮茶使用炭火风炉，不可缺少夹木炭的火筴。《茶经》云："火筴，一名箸，若常用者。圆直一尺三寸，顶平截，无葱薹勾镍之属，以铁或熟铜制之。"这批银器为本地制造，制品多供奉皇室，并錾刻"力士"商标，对全国金银器工艺乃至五代、两宋金银器工艺的发展产生了较大影响。

唐代时期在镇江出土如此之多的高档瓷质茶具和银质茶具，这与古人饮茶时用水讲究有关，"水为茶之母，器为茶之父"，水直接影响茶的品质。镇江中泠泉在唐代时即有"天下第一泉"的美誉，《金山志》记载："中泠泉，在金山之西，石弹山下，当波涛最险处。"据唐代张又新的《煎茶水记》载，与陆羽同时代的刘伯刍，把宜茶之水分为七等，称"扬子江南零水第一"。这南零水指的就是中泠泉，说它是大江深处的一股清洌泉水，泉水清香甘洌，涌水沸腾，景色壮观。该泉之水原来在波涛汹涌的江心，汲取其泉水，实为困难，需驾轻舟取之。近百年来，由于长江江道北移，南岸江滩不断扩大，中泠泉到清代晚期已和陆地连成一片，泉眼完全露出地面。后人在泉眼四周围以石栏保护，光绪年间镇江知府王仁堪写下了"天下第一泉"五个大字，刻在石栏上。

宋时镇江城内居民多沿河而居，商肆夹渠而列，商业繁荣，尤其是南宋政府在镇江设立了最重要的三个榷货务都茶场之一，专卖茶叶、盐、舶来品等。同时民间又出现"交引铺"，经营茶盐等"钞引"的纸质货币流行。宋代饮茶内容丰富于前朝，"点茶"广为流行，"斗茶"时尚兴起。点茶是将茶粉放入盏内，冲注一些沸水，将茶粉调成稠状，再添加沸水，边添边用茶匙击拂。斗茶是先斗色，再斗汤。斗法是先将茶饼以净纸包裹捶碎，而后用茶碾子碾成细末，罗筛后放入茶盏内，用沸水注入茶盏，边注水边击拂，至水面浮起一层白色的汤花，看盏的内沿与汤花相接处有无水痕，依据水痕出现的早晚，早者为负，晚者为胜。斗茶能否取胜，茶盏极为重要，宋代的茶盏虽有黑釉、酱釉、青釉、青白釉、白釉等，但黑釉茶盏最宜衬托白色茶汤，因而受到斗茶者的喜爱。在镇江古运河沿岸宋代文化地层中出土了有关茶坊的陶瓷具，如红陶茶碾、陶茶研、黑釉茶盏、执壶、杯等。黑釉茶盏数量惊人，如镇江大市口旁绿水桥侧是一处繁华的中心所在，此地拓宽马路时进行了考古，在发掘的30平方米中就出土了160件黑釉盏，以江西吉州窑与福建建窑茶盏居多，器形一般为敛口，斜腹，小浅圈足。圈足外壁有刮削痕，足低而厚。装饰纹样有兔毫、玳瑁、剪纸贴花等，有的在茶盏底部墨书"陈"、"钱"、"刘"、"朱"等姓氏，表明当时茶坊林立，为防止搞错，各家在器物上写上姓氏名号，反映出镇江宋代时期茶文化的繁荣。另外，在镇江地区溧阳县平桥乡小平桥村宋代窖藏出土26件银器，其中茶盏就有10件。宋代手工业生产竞争激烈，在产品上铸刻匠铺及业主名号，以示商标品牌。墓葬中出土的茶具比较重要的是镇江市南郊水泥制杆厂北宋熙宁四年章岷墓，出土瓷器11件，其中的镶银口青白釉带托茶盏、青白釉执壶，胎薄细腻，釉色明澈温润，青色淡雅。章岷祖籍福建泉州，客居润州（今镇江），为官数十载。宋代文学家范仲淹曾作《和章岷从事斗茶歌》，是一首与章岷的唱和之作，可惜章岷应答茶诗今天已经失传。300多字的《斗茶歌》极为详细地描绘了当时的斗茶景象。诗中有"鼎磨云外首山铜，瓶携江上中泠水。黄金碾畔绿尘飞，碧玉瓯心翠涛起"之句，瓶中携带的中泠水，就是被誉为"天下第一泉"的镇江金山中泠泉，用黄金碾将茶叶碾成末，以建窑盏（紫玉瓯）观看汤花，再品它的香和味。将斗茶者的心理状态写得惟妙惟肖。

元代，饮茶沿袭宋俗，内蒙古赤峰元宝山元墓壁画上的进茶图描绘了桌上的研茶器、点茶的盖盂、汤瓶、茶托盏等，展现了自晚唐至元流行的烹、点茶的饮茶内涵。金坛县洮西公社湖溪大队元代窖藏出土52件（套）银器（银盏15件），其中有碗、盘、盏等。盏，圆唇，腹略鼓，平底。在口沿下分别有"董乙郎"、"林子成"戳记。

明代，饮茶之风更盛，饮茶习俗与前朝不同，饮茶之法一改唐宋流行的烹、点茶的饮法，为散茶瀹泡的新饮法，制茶、品饮、茶具都变化一新，如茶壶看重砂壶，因为砂壶泡茶"注茶越宿，暑月不馊"，所以砂壶被视为佳品。紫砂壶的兴起，推动了宜兴窑紫砂器的生产。在镇江丹徒县辛丰区山北公社前桃村古井出土文物42件，有紫砂壶、酱釉罐、酱釉执壶、四系酱釉壶等，均为宜兴窑产品。宜兴县原辖属镇江地区，后划归常州市。前桃村古井出土的紫砂壶，小口，无颈，球腹，平底内凹成圈足，肩设管状流，曲柄，外圆内扁平。口沿下刻画细弦纹。胎肝红色，表面经过打磨，器里粗糙涩手，外底有烟熏痕迹。壶嘴与壶把钻孔塞泥而成，且在壶里有手捏痕迹，应是典型的明代风格。句容春城公社亦出土一件宜兴窑四系紫砂壶，平唇，短颈，折肩，圆形直腹，平底内凹成圈足，肩部设六棱长流，内孔为长方形，流口低于壶口，四个对称的环形泥条系。胎较细腻，壶身上部呈砖灰色，底部微发砖红色。明代画家陈洪绶的《高隐图卷》中有一童仆在煮茶，炉上的壶为紫砂壶，可见此类壶当为煮茶器。

清代饮茶风尚与明代无异，饮茶主要用壶、盏之类，品种丰富多样。馆藏清代茶具品种繁多，来源为原清宫旧藏茶具和传世、捐赠、墓葬、文化地层出土等，按质地分有银、铜、玉、瓷、紫砂等。如清宫旧藏黄釉海水龙纹瓷方托盘，呈长方形，浅腹，器内心有一凸圈，可放置茶盏，平底。底心为莲花，四周为海水龙纹，圈足内有"大清康熙年制"双行六字楷书官窑款。清乾隆款御制三清茶诗瓷碗，敞口，深腹，圈足，内有"大清乾隆年制"篆书官窑款。清代皇帝嗜茶，宫廷饮茶之风盛行，宫廷内务府专门设有"御茶房"。其中以康熙、乾隆两朝皇帝嗜茶闻名，乾隆皇帝在位60年，每年新正必举行茶宴，茶宴上准备的茶美其名曰"三清茶"，由梅花、佛手、松实沃雪烹茶，清宫有专门的三清茶具，其中以矾红和青花居多。文化地层出土的茶具主要有镇江市西津渡清代遗址道光年间瓷器窖藏，出土近100件（套）盖碗、果盘等。盖碗是清代新出现的茶具之一，盖碗的作用一是可防止灰尘落入碗内，起防尘作用，二是可避免手被烫伤，并可保温。馆藏的还有景德镇窑青花十字花形瓷茶托，器呈四瓣花形，敞口，弧腹，圈足，足内为"乾隆年制"款。全器绘青花缠枝花卉纹，器内心为几何图案，一周白边以承茶盏。清代寂园叟《匋雅》中提到："盏托，谓之茶船。"茶船形制各异，有的呈船形，有的呈花形，还有十字形、海棠花形等。此时紫砂茶具也较多见，如宜兴窑紫砂方壶，方形盖钮，壶口平唇，短颈，折肩，方流，方把，平底，底部有"荆溪史维高制"篆文方印。史维高是清乾隆、嘉庆年间宜兴人，工治砂壶，善方壶。馆藏玉质茶具也较多，如翡翠带托盖碗，盖面微隆，盖顶饰环形捉手；碗撇口，深腹，腹下渐收，圈足；托为银质，呈荷叶形，叶边内卷，圈足；桃形玛瑙杯，杯以玛瑙制成，呈半桃形；器平唇，深腹；杯的一侧镂雕一螭作柄，螭口衔着杯沿，螭爪伏于杯腹，长尾用力撑住杯底，起平衡作用。《说文·虫部》载："螭，若龙而黄，北方谓之地蝼，从虫，离声。或云无角曰螭。"螭与龙的区别是龙有角，螭无角。

镇江博物馆收藏的历代茶具，从新石器时代到明清时期，时代连续，品种丰富，对历代饮茶习俗及茶具的使用有了感性的认识，并且大部分都为出土器，为广大文物爱好者提供了实物资料，在研究与收藏上向更高层次迈进，有着极为重要的意义与参照价值。

唐代金银茶器研究

郭丹英

中国的金银器制作及使用最早出现于商朝，作为身份和地位标志之一，在相当长的时间内为皇室及贵族所专用[1]。（直到宋代，随着物质文明的高度发达，富裕的商人及文士也开始使用金银器。）到了唐代，富丽堂皇的金银器迎合了时代的审美风尚，金银器的数量和质量都有了质的飞跃，金银器的制作工艺也达到历史上的第一个高峰。

与此同时，唐代也迎来了中国茶文化发展史上的第一个高峰。特别是唐代中期，随着农业的持续发展，江南地区大量的土地被开发和利用，作为经济作物的茶叶得以大力发展。唐代的茶叶种植面积扩大，茶叶产量大幅度提高。陆羽《茶经》记载当时的产茶区域为四十二州[2]，西北到陕西的安康，北到淮河南岸的光山，西南到云贵的西双版纳和遵义，东南到福建省的建瓯、闽溪，南到两广的广大区域均产茶。唐王朝还在顾渚设立贡茶院，派专人监督加工宫廷贡茶，当时最好的茶叶全部集中到皇宫里。官员如果政绩卓著，或者外番来朝，都会受到大唐天子的赐茶。

唐代茶叶产量提高的同时，茶叶消费也与日俱增。《封氏闻见记》载："自邹、齐、沧、棣，渐至京邑城市，多开店铺，煎茶卖之。不问道俗，投钱取饮。"茶叶消费推动了茶器的生产和发展。唐代出现了专用茶器，茶具不再与其他器具混用或一器多用，形成其独特的分支，并独领风骚。唐人称饮茶为"煎茶"或"煮茶"，两者存在细微区别，煎茶通常用茶铫，而煮茶则用茶鍑[3]。对于普通的消费者而言，以陶瓷、石质、竹木为材质制作的茶器是主流，而对于统治阶层来说，以金银为材质制作的茶器，不仅显得奢华精致，更是身份和地位的象征。自此，金银器加工工艺的第一个高峰与茶文化发展的第一个高峰碰撞出了火花，以金银为材质制作的茶器成为唐代茶器中的经典，并深深影响着此后历代的茶器文化。

我们对唐代金银茶器开展研究，主要借助于文献资料和考古实物。从唐代茶器的文献记载来看，茶圣陆羽记录最为详实，其所著《茶经》至今仍被茶文化研究者奉为宝典。《茶经·四之器》中对唐代茶器作了系统的记述，陆羽深谙茶道茗理，提倡饮茶"最宜精行俭德之人"，反对奢华的茶器。不过，从《茶经·四之器》的字里行间，反衬出唐代统治阶层对金银材质茶器的推崇。多年以来，得益于考古工作者的不懈努力，我们才有机会了解唐代金银器的出土情况。据统计，唐代的金银器出土有如下情况：1957年陕西西安和平门外发现唐鎏金"茶拓子"7枚[4]。1958年陕西耀县柳林背阴村银器窖藏，出土银器19件[5]。1963年西安沙坡村银器窖藏，出土银器15件[6]。1970年西安南郊何家村唐代窖藏，出土金银器1000余件[7]。1975年

注释

1 谭前学：《富丽堂皇 中西合璧——唐代金银器巡礼》（上），载《荣宝斋》2010年第9期。
2 陆羽：《茶经·八之出》，载《中国茶文化经典》（陈彬蕃编），北京．光明日报出版社，1999年版，第25页。
3 中国茶叶博物馆编：《话说中国茶》，北京．农业出版社，2010年版，第119页。
4 马得志：《唐代长安城平康坊出土的鎏金茶拓子》，载《考古》1959年第12期。
5 刘向群等：《陕西省耀县柳林背阴村出土一批唐代金银器》，载《文物》1964年第1期。
6 西安市文管会：《西安市东南郊沙坡村出土一批唐代银器》，载《文物》1964年第6期。
7 段鹏琦：《西安南郊何家村唐代金银器小议》，载《考古》1980年第6期。

内蒙古敖汉旗李家营子银器窖藏，出土银器 5 件[8]。1975 年西安西北工业大学银器窖藏，出土银器 4 件[9]。1975 年浙江长辛桥金银器窖藏，出土金银器约 100 件[10]。1976 年辽宁昭盟喀喇沁旗银器窖藏，出土银器 5 件[11]。1977 年西安东郊金银器窖藏，出土银器 4 件[12]。1980 年陕西蓝田杨家沟金银器窖藏，出土金银器 30 余件[13]。1982 年江苏丹徒丁卯桥银器窖藏，出土银器 951 件[14]。1982 年西安电车二场银器窖藏，出土银器 12 件[15]。1987 年陕西扶风法门寺地宫遗址出土金银器 121 件（组）[16]。1990 年山西繁峙县银器窖藏出土银器约 40 件[17]。1991 年河南伊川鸦岭乡杜沟村唐齐国太夫人墓出土 21 件金银器[18]。2002 年陕西西安公安部移交据传是长安县祝村乡杨村唐墓出土的金银器 27 件[19]。

在以上唐代金银器出土中，以扶风法门寺地宫、镇江丁卯桥、伊川唐齐国太夫人墓以及西安何家村窖藏出土茶器最多，也最具代表性。本文将以这四处出土的金银茶器为主要考察对象，结合其他唐代金银器出土情况，并参以《茶经·四之器》中的唐代茶器类型，对唐代金银材质的茶器作一梳理。

1. 茶釜（鍑）

釜最早出现于新石器时代，最初以陶为原料制作而成，是古代的重要炊器。通常为敛口（或敞口），深腹，圜底，双耳（或无耳）。到了唐代，作为炊器的釜渐渐出现另一分支——煮茶器，这当然跟唐代的饮茶方式分不开。唐代流行煮茶，茶饼经过炙、碾、罗后变成茶粉，放入茶釜（茶鍑）中煎煮，方可入盏饮用。陆羽《茶经》曰："鍑（釜），以生铁为之……内摸土而外摸沙。土滑于内，易其摩涤；沙涩于外，吸其炎焰。方其耳，以正令也。广其缘，以务远也。长其脐，以守中也。脐长，则沸中；沸中，则末易扬；末易扬，则其味淳也。洪州以瓷为之，莱州以石为之。瓷与石皆雅器也，性非坚实，难可持久。用银为之，至洁，但涉于侈丽。雅则雅矣，若用之恒，而卒归于铁也。"唐代制作茶鍑的材质多样，一般用铁制成，也有洪州（江西境内）烧制的瓷鍑和莱州（山东境内）产的石鍑。在陆羽看来，以金银器制作的茶釜（茶鍑）虽然洁净但过于奢侈。不过，统治阶层似乎更喜欢以金银材质制作茶器，历年考古发现的唐代茶器实物中，银质茶鍑数量不少，不但验证了陆氏之说，还发现了比《茶经》中记载更为丰富的茶鍑。

唐齐国太夫人墓是 1991 年由洛阳市第二文物工作队进行抢救性发掘的一座墓葬，位于伊川县城西北约 10 公里处的鸦岭乡杜沟村，共清理出文物 1659 件，包括金银器 21 件。其中一件在原报告中称之为"提梁带盖银锅"[20]（图一），命名为"银茶鍑"应更合适些。该茶鍑盖径 18.9—19.2 厘米，盖高 6.0 厘米，口径 21.5—21.8 厘米，通高 14.0 厘米。大口，宽折沿，弧腹，圜底略平。两侧有双立耳，中穿提梁，提梁

---

8 敖汉旗文化馆：《敖汉旗李家营子出土的金银器》，载《考古》1978 年第 2 期。
9 保全：《西安出土唐代李勉奉进银器》，载《考古》1984 年第 4 期。
10 夏星南：《浙江长兴县发现一批唐代金银器》，载《文物》1982 年第 11 期。
11 喀喇沁旗文化馆：《辽宁昭盟喀喇沁旗发现唐代金银器》，载《考古》1977 年第 5 期。
12 保全：《西安东郊出土唐代金银器》，载《考古与文物》1984 年第 4 期。
13 樊维岳：《陕西蓝田发现一批唐代金银器》，载《考古与文物》1982 年第 1 期。
14 镇江博物馆：《江苏丹徒丁卯桥出土唐代银器窖藏》，载《文物》1982 年第 11 期。
15 韩伟：《海内外唐代金银器萃编》，陕西西安．三秦出版社，1989 年版，第 31 页。
16 陕西省法门寺考古队：《扶风法门寺唐代地宫发掘报告》，载《文物》1988 年第 10 期。
17 李有成：《繁峙县发现唐代窖藏银器》，载《文物季刊》1996 年第 1 期。
18 王金秋：《唐齐国太夫人墓出土的银器》，载《收藏家》2003 年第 9 期。
19 呼琳贵 刘心合：《陕西收缴的一批唐代金银器》，载《收藏家》2002 年第 12 期。
20 王金秋：《唐齐国太夫人墓出土的银器》，载《收藏家》2003 年第 9 期。

以扁平状银片制作而成，梁首呈 S 形。盖面微隆，上有宝珠钮。从整器看，有使用痕迹，当是齐国太夫人生前使用之物。茶鍑通常和风炉配合使用，下为风炉上置茶鍑，风炉生炭起火，茶鍑用于煮茶。风炉多为铜或铁，亦有石质或陶瓷，银质不实用，因此，出土物中少有银质风炉随茶鍑一起出土。

（图一）伊川唐齐国太夫人墓出土的银茶鍑

无独有偶，江苏镇江丁卯桥窖藏金银器中也有一件银茶鍑（图二），高 10.0 厘米，口径 25.6 厘米，素面无纹饰。其造型与出土的青瓷鍑相似，口沿较宽并微微上翘，深圆腹，圜底。口沿两端设有两护耳，中穿孔有环状提梁便于提拿，口沿下刻有"力士"款识。过去多认为这种银锅是熬药用的，从丁卯桥窖藏出土器中银注子、银则、银箸、银盒等组合考量，应该是煮茶的器具。

此外，陕西省西安何家村窖藏也出土两件银茶鍑[21]，其中一件原发掘报告定名为"双环耳银锅"（图三），高 13.0 厘米，口径 28.2 厘米。该茶鍑宽沿微上翘，深宽腹，平底。宽沿两侧安两个对称的莲瓣状护手，护手上立两环形竖耳。银鍑锤鍱成型，光素无纹。还有一件通高 18.5 厘米，口径 19.3 厘米，敞口，圜底，宽沿上铆有环形立耳，连接提梁，通体光素。

（图二）镇江市丁卯桥窖藏出土的银茶鍑 　　　　　　（图三）西安市何家村出土的银茶鍑

---

21 汉唐网：《收藏鉴赏频道》

2. 火筴（火箸）

火筴又叫火箸。陆羽《茶经·四之器》记载："圆直一尺三寸，顶平截，无葱薹勾鏁之属，以铁或熟铜制之。"陆羽对火筴的尺寸和形状均作了描述。在材质方面，火筴以铁或熟铜为多，以银鎏金或银作为材质的火筴也不少。1987年，陕西扶风法门寺地宫出土的银质鎏金茶器中就有火箸[22]，该火箸上粗下细，通体素面，上端为宝珠顶，顶下有半厘米宽的凹槽，以系扣环。银箸以银丝编结的链子连接，制作精美。随地宫出土的衣物帐上有"火箸一对"的记载。其功用为炙茶器，用它夹住茶饼在火上烘烤。诗人刘兼《从弟舍人惠茶》的"龟背起纹轻炙处，云头翻液乍烹时"诗中可验证其功用。

江苏镇江丁卯桥窖藏中，出土不少火箸，长32.0厘米。呈圆杆形，顶端作葫芦形，通体鎏金，箸顶部刻"力士"款识。（图四）

此外，河南偃师杏园郑洵墓中也出土了一对火箸[23]，长27.4厘米，长度及形状与法门寺出土的火箸类似。

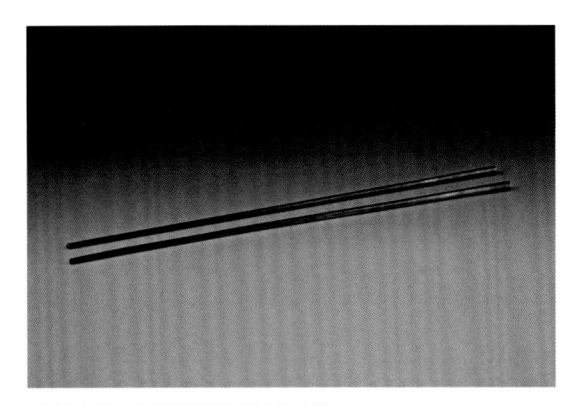

（图四）镇江市丁卯桥窖藏出土的火箸

3. 茶铫（茶铛）

茶铫和茶铛虽然同为煮茶或煎茶之器，但有区别。茶铫又称为茶吊子，《辞源》解释为"有柄有流的小型烧器"，是一种有柄有流但无足的烹器。而茶铛与茶铫及茶鍑的主要区别在于"有足"，其造型通常为直口，宽腹，下有足，带柄或无柄[24]。唐代诗僧皎然的《对陆迅饮天目山茶，因寄元居士晟》写道："喜见幽人会，初开野客茶。日成东井叶，露采北山芽。文火香偏胜，寒泉味转嘉。投铛涌作沫，著碗聚生花。稍与禅经近，聊将睡网赊。知君在天目，此意日无涯。"这里提到以铛煎茶，为我们解读唐代的饮茶方式提供重要的线索。此外，刘言史在《与孟郊洛北野泉上煎茶》一诗中也提到："荧荧爨风铛，拾得坠巢薪。"姚合在《送狄兼谟下第归故山》也说："爱花高酒卢，煮药污茶铛。"可见唐时以茶铛煎茶是比较普遍的现象。同样，茶铫在唐代也是重要的煮茶器，唐代著名诗人元稹的《一字至七字诗·茶》中有"铫煎黄蕊色，碗转曲尘花。夜后邀陪明月，晨前命对朝霞"之句。《萧翼赚兰亭图》也为我们提供了唐代茶铫的形象资料。该画取材于唐人何延之《兰亭记》中所述唐监察御史萧翼为唐太宗从辩才和尚手中赚取王羲之《兰亭序》帖真迹的故事。

---

22 韩生：《法门寺文物图饰》，北京．文物出版社，2009年版，第339页。
23 徐殿魁：《试述唐代的民间茶具》，载《农业考古》1994年第6期，第128页。
24 郭丹英：《茶铫》，载《收藏家》2011年第11期。

画面共有四位人物，中坐于禅凳者为辩才，对面坐者为萧翼，人物刻画生动。画面左下部再现了唐代煮茶、饮茶所用的茶器，以及烹茶方法和过程，为我们研究唐代的饮茶方式提供了重要参照。有一老一少僮仆正煮茶备茶。老仆头戴襆头，躬身坐于蒲团上，正在专心煎茶。他面前有一风炉，炉上放置的就是茶铫，老仆左手拿着茶铫的横把，右手正手持茶箸搅动茶汤。另一旁，有一少仆弯腰，手持茶托盘，小心翼翼地准备分茶。一旁的具列上则放置着茶碾轮、茶盏托、茶盒等器具。

关于金银茶铫的实物，唐齐国太夫人墓中出土银器中即有一件。原报告称之为"长柄带流银铛"[25]（图五），现在基本可界定为茶铫，该茶铫口径9.7厘米，柄长25.2厘米，通高6.4厘米。敞口，折沿，弧腹，圜底并带盖。一侧有短流，与之成90度的一侧有一长柄，长柄铆于器口外壁，柄首为如意形。用茶铫煎好茶汤后，即可手握长柄从一侧流中倒入茶瓯中饮用，较之茶鍑需用茶勺取汤更加简便。

而西安何家村窖藏出土金银器中，也有几件茶铛十分引人注目。其中一件素面银茶铛（图六），高3.4厘米，口径9.2厘米，柄长3.0厘米，重269克。敞口，圜底，单柄，三足。内底饰一浮雕海兽，外围一周变形绳纹；外壁饰斜曲突棱，分为九斜格，格内分别饰蔓草、鸳鸯等图案，以鱼子纹为地。足上部为龙头，龙嘴伸出一兽爪，组成铛足；柄作张嘴龙头状。还有一件单流折柄银铛与齐国太夫人墓出土茶铛有相似之处，通高7.8厘米，口径13.2厘米，柄长8.8厘米。敛口，一侧有匜式流；腹略鼓，平底微隆；腹部有一长柄。腹下有三蹄足，趾外侈。设计精妙，别具匠心。

五代著名画僧贯休能诗善书，留下许多脍炙人口的禅诗，他在《和毛学士舍人早春》中有以金铛烹茶的诗句："茶癖金铛快，松香玉露含。书斋山罥撷，盘馔药花甘。"

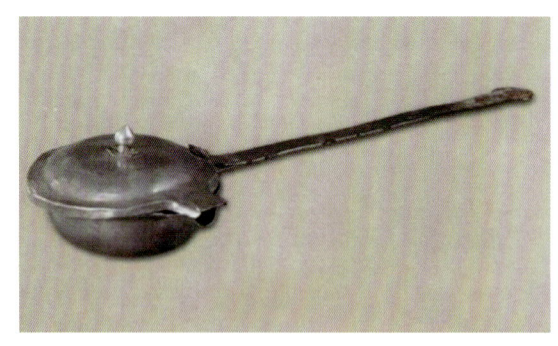

（图五）唐齐国太夫人墓出土的银茶铫 　　　　　　（图六）西安市何家村出土的银茶铛

4. 茶碾（茶研）

由于唐代流行末茶品饮，凡饼茶需要用茶碾碾成粉末，入茶鍑煎煮后品饮，茶碾和茶研就是用来碾茶的。史上最华丽的茶碾莫过于法门寺地宫出土的银质鎏金茶碾。1987年，在陕西省扶风县法门寺地宫出土了一大批唐代皇室宫廷使用的金银、琉璃、秘色瓷等器具，《衣物帐》记载："茶槽子、碾子、茶罗子、匙子一副七事，共重八十两。"从铭文中得知这是唐僖宗供奉给法门寺的宫廷茶具，制作之精美实属罕见。鎏金茶槽子[26]，通高7.0厘米，最宽处5.6厘米，长22.7厘米。鎏金茶碾子，轴长21.6厘米，轮径8.9厘米。茶槽

---

25 王金秋：《唐齐国太夫人墓出土的银器》，载《收藏家》2003年第9期。
26 韩生：《法门寺文物图饰》，北京．文物出版社，2009年版，第308页。

子一侧錾刻"咸通十年文思院造银金花茶碾子一枚共重廿九两",茶碾子则錾文"碢轴重一十三两"。文思院是唐代专门为皇室加工生产手工艺品的机构,可见这套鎏金茶具是文思院专为僖宗制作的。"金槽无声飞碧烟,赤兽呵冰急铁喧"正是描绘用金质茶碾碾磨茶饼的场景。(图七)

银茶研,出土于唐齐国太夫人墓。原报告定名为"绶带纹银碗"[27](图八),从其描述中可以判定这是一件银质茶研。该茶研口径13.8厘米,高3.5厘米。侈口、圆唇、圜底、圈足。碗内底刻划绶带纹,方格纹地。"腹部被细线划分成四区,间饰交错斜方格纹,纹饰錾刻深且宽,外部素面无纹,形体厚重,与本次同出土银器胎体轻薄有着明显区别",再通过照片比对,基本可以断定此为研磨器,应为茶研。同类器中,以陶瓷材质居多。中国茶叶博物馆收藏的唐邢窑茶研及唐邛崃窑茶研与之有异曲同工之处[28]。(图九)

(图七)法门寺地宫出土的银质鎏金茶碾

(图八)唐齐国太夫人墓出土的银茶研

(图九)中国茶叶博物馆收藏的唐邢窑茶研

5. 茶罗子

鎏金茶罗子[29],出土于法门寺地宫。分罗框和罗屉,同置于方盒内。罗框长11.0厘米,宽7.4厘米,高3.1厘米。罗屉长12.7厘米,宽7.5厘米,高2.0厘米。茶饼在茶槽中碾碎成末,尚需过罗筛选,罗筛是煮茶前很重要的一道工序。陆羽倡导的煎茶,是将茶末放在鍑内烹煮,对茶末的粗细要求不是很严格。晚唐的点茶,茶末放于碗内,先要调膏极匀,以茶瓶煮汤,再注汤入碗中,以茶匙搅拌,茶汤便呈现灿若星辰的效果。如

---

27 王金秋:《唐齐国太夫人墓出土的银器》,载《收藏家》2003年第9期。
28 中国茶叶博物馆编:《中国茶叶博物馆馆藏精粹》,浙江杭州.浙江摄影出版社,2011年版。
29 韩生:《法门寺文物图饰》,北京.文物出版社,2009年版,第314页。

果茶末很粗，或粗细不匀，拌搅时就得不到较佳效果。因此，茶罗是唐代煮茶很重要的茶器。法门寺地宫出土的银质鎏金屉形茶罗子实物为我们解读茶罗提供最直观的实物依据，十分难得。（图十）

（图十）法门寺地宫出土的银质鎏金屉形茶罗子

6. 茶笼子

  鎏金银笼子[30]，也是法门寺地宫出土的茶器。通高 17.8 厘米，口径 16.0 厘米，腹深 10.2 厘米，制作精美，是用来放茶饼的。由于唐代茶叶以饼茶为主，饼茶易受潮，需用纸或箬叶包装好，放在茶笼里，挂在高处，通风防潮。饮用时，随手取出，如果茶饼已受潮，还需要将茶笼放在炭火上稍作烘烤，使茶饼干燥，便于碾碎。陆羽已在《茶经》中提到盛放茶饼的茶笼子，是用竹篾编制的较为普通的茶笼。由于身份地位的不同，茶笼的材质也有很大的不同，皇家制作的茶笼子，则尽显贵族气，用金银制成，讲究精工细作。（图十一）

  茶笼子作为茶器一直延续到宋代。1998 年，福建邵武市黄涣墓出土一件银丝茶笼是近年来宋代茶具考古的重要发现[31]。此银丝茶笼长 10.0 厘米，高 9.5 厘米，平面呈方形，双层以子母口扣合，表面以银丝编织成斜六角形镂空图案。黄涣墓中银丝茶笼的发现为我们展示了宋代茶器的精彩一面，也为我国宋代茶文化考古提供了十分重要的实物资料。（图十二）

（图十一）法门寺地宫出土的银质鎏金茶笼子 　　　　　　　　（图十二）福建邵武市黄涣墓出土的银丝茶笼

---

30 韩生：《法门寺文物图饰》，北京 . 文物出版社，2009 年版，第 305 页。
31 中国茶叶博物馆编：《话说中国茶》，浙江杭州 . 浙江摄影出版社，2010 年版，第 148 页。

7. 茶盒

茶盒分两类，尺寸较大类似捧盒之类的，系装盛团茶、饼茶之容器；而尺寸相对较小的盒则是装盛茶粉末的。"贮之玉合才半饼，寄与阿连题数行"，这首唐代诗歌中提及的玉合就是装茶饼的容器。除玉合外，唐代还有瓷盒、漆盒、金银盒均可用于装茶饼或茶粉末。唐长沙窑青釉褐彩"大茶合"就是最好的物证。

江苏镇江市丁卯桥窖藏出土一件鎏金双凤纹大银盒即用来装盛茶饼的，该盒高26.0厘米，口径31.0厘米，腹径33.0厘米，底径25.6厘米。盒呈菱花形，盖面施锤鍱工艺，主体纹饰为穿花飞凤纹，辅助纹饰为飞鸿纹。盒体外壁錾刻奔鹿纹16组，刻画生动细腻，鹿或回首、或相向，神态各异。盒胫部錾刻团花纹，外撇式圈足，錾刻变体莲花纹。外底刻"力士"款识及"伍拾肆两壹钱贰字"。这是丁卯桥窖藏出土器中尺寸最大、装饰最华丽的银盒，其工艺堪与法门寺出土器相媲美。（图十三）

鎏金银龟[32]，出土于法门寺地宫。通长28.0厘米，宽15.0厘米，高13.0厘米。器仿龟形，昂首曲尾，四足着地，以背甲作盖。盖内焊接椭圆形子母口。龟首及四足中空。通体纹饰鎏金，形象逼真。此龟盒是装茶粉的器具，龟乃灵性之物，以龟形作为茶盒造型，寓意饮茶长寿。

（图十三）镇江市丁卯桥窖藏出土的鎏金银盒　　　　（图十四）山西繁峙县出土的银质鎏金龟盒

1990年，山西省繁峙县金山铺乡上狼涧村窖藏出土一批金银器[33]，其中一件银质鎏金龟盒与法门寺龟盒有异曲同工之处。该龟盒通高18.0厘米，纵长18.0厘米，横宽11.0厘米。分体钣金、焊接而成，与法门寺出土的银龟盒不同的是，该龟作昂首回视状。龟背捶鍱八卦纹，细部刻画精致，栩栩如生。（图十四）

圆形银茶盒在唐代金银器窖藏中多有出土。江苏镇江市丁卯桥窖藏出土器有素面或刻花银盒多件。其中一件鹦鹉纹盖盒之工艺颇为精湛[34]，盖面中心錾刻衔草鹦鹉纹，周边辅助纹饰为变体莲瓣纹，外底同样有"力士"款识。鹦鹉为唐代常见之纹饰，不仅金银器上有，瓷器上亦多见。

此外，2001年，陕西长安县收缴一批唐代金银器，系长安县祝村乡杨村附近唐墓所盗，其中也有一件银

---

32 韩生：《法门寺文物图饰》，北京．文物出版社，2009年版，第317页。
33 李裕民　李宏如：《繁峙上狼涧村发现一批唐代金银器》，载《文物世界》2006年第9期。
34 张剑：《镇江博物馆馆藏唐代金银器综述》，载《文物鉴定与鉴赏》2006年第9期。

盒[35]，高9.2厘米，口径17.3厘米，底径15.8厘米，素面无纹，子母口套合，底刻"大唐"二字款识。一同出土的银器中还有茶则两件，茶碗若干，由此可以认定此盒亦为茶盒。

8. 茶则（茶匙）

唐代李成用在《谢僧寄茶》中有"林风夕和真珠泉，半匙青粉搅潺溪"之句，提到了唐代非常重要的一件茶器——茶匙。茶匙又叫茶则，陆羽《茶经·四之器》中载："则，以海贝、蛎蛤之属，或以铜铁、竹匕等之类。则者，量也，准也，度也。凡煮水一升，用末方寸匕。若好薄者，减；嗜浓者，增。故云则也。"非常明确地指出茶则乃量茶末之准器也，不仅用来勺取茶末，更是量器也。茶则的材质多样，竹木、海贝、陶瓷之属均可为之，而法门寺地宫出土的茶则无疑是史上最华贵的茶则。鎏金银质茶则[36]，法门寺地宫出土。长19.2厘米，柄长而直，匙面平整，錾刻"五哥"款识，应是唐僖宗最喜欢的茶器之一。（图十五）

江苏镇江市丁卯桥窖藏出土器中也有银茶则，长33.0厘米，则面呈铲形，柄扁平而长，柄背面同样刻有"力士"款识。（图十六）

此外，陕西长安县收缴的唐墓出土金银器有2件银茶则[37]，大的长16.7厘米，小的长12.0厘米，素面无纹，形制与丁卯桥窖藏银茶则类似。

（图十五）法门寺地宫出土的鎏金银质茶则 　　　　　　　　　　（图十六）镇江市丁卯桥窖藏出土的银茶则

9. 茶勺

虽然陆羽《茶经·四之器》中没有专门提及茶勺，但是《五之煮》中提到："凡酌，置诸碗，令沫饽匀。"可知茶汤煮好后，需用茶勺从茶镬中舀出，再入茶碗中饮用。因此，茶勺也是唐代的茶器之一。台北故宫博物院收藏的《宫乐图》是一幅极为珍贵的茶画，描绘了唐代宫廷仕女品茗的场景，其中一仕女正从桌案中间放置的茶瓯中舀取茶汤，即茶勺。

江苏镇江丁卯桥窖藏中也有类似的茶勺出土，该茶勺长26.0厘米，造型为半球形，上视呈九曲花瓣状，长扁状柄，柄背上也刻有"力士"款识。（图十七）

---

35 呼琳贵 刘心合：《陕西收缴的一批唐代金银器》，载《收藏家》2002年第12期。
36 韩生：《法门寺文物图饰》，北京．文物出版社，2009年版，第317页。
37 呼琳贵 刘心合：《陕西收缴的一批唐代金银器》，载《收藏家》2002年第12期。

同样，在河南偃师杏园李景由墓出土器中也有同样器形的茶勺[38]，长24.4厘米，更为精致的是，其末端雕刻成凫头形，勺的表面以鱼子纹为地，并錾刻缠枝花纹。

（图十七）镇江市丁卯桥窖藏出土的银茶勺　　　　　　（图十八）镇江市丁卯桥窖藏出土的荷叶形银盖

10. 鹾簋（盐台）

唐代煮茶还要放入适量的盐调味，这其实与煮汤没什么区别，不过当时的品饮习惯的确是这样，所以在《茶经》中还专门提到放盐的容器"鹾簋"。而法门寺地宫出土器则称之为"盐台"。鎏金摩羯纹银盐台[39]，由盖、台盘、三足架三部分组成。通高25.0厘米，盖做成卷荷形状，十分精致，台盘支架上錾文"咸通九年文思院造银涂金盐台一只"，明确提到其用途是盛放盐巴的，该盐台成为唐代饮茶佐盐的有力证据。

江苏镇江市丁卯桥出土器中，有一件荷叶形银盖，高7.3厘米，口径20.6厘米，呈倒覆的荷叶，顶饰瓜蒂状，盖沿四周向上翘起，盖面錾刻荷叶脉纹，盖沿下承四尾小鱼，小鱼栩栩如生，极富动感。此银器盖与法门寺地宫出土的银质鎏金盐台盖形状类似，极有可能是贮盐容器上方之器盖，可资比较研究。（图十八）

11. 茶盏（茶托）

西安和平门外平康坊出土的7件唐代银质鎏金莲花形茶拓子是明确的唐代茶托[40]，茶托俯视呈莲花状，内有圆形凹圈可承茶盏，圈足稍外撇。茶托口径9.3厘米，高4.5厘米，圈足高2.3厘米。其中一件的圈足内有錾文："大中十四年八月造成浑金涂茶拓子一枚，金银共重拾两捌钱叁字"。同出的还有一款茶托铭文为"左策使宅茶库金涂拓子壹拾枚，共重玖拾柒两伍钱一"。关于茶盏托，据李匡义的《资暇录》记载，是建中年

---

38 徐殿魁：《试述唐代的民间茶具》，载《农业考古》1994年第6期，第128页。
39 韩生：《法门寺文物图饰》，北京. 文物出版社，2009年版，第319页。
40 马得志：《唐代长安城平康坊出土的鎏金茶拓子》，载《考古》1959年第12期。

间蜀相崔宁之女发明了盏托，事实上，考古发掘资料表明，东晋时已有瓷盏托出现。（图十九）

河南伊川唐齐国太夫人墓出土的双鱼纹海棠花形鎏金银盏、银托[41]。盏口径13.8厘米，高3.3厘米，呈海棠形，侈口，器身有四棱，浅腹，圈足。盏内心錾刻双鱼纹，水波纹地。托口径20.0厘米，高1.9厘米，呈椭圆荷叶形，宽沿并向上翘起，浅腹，矮足。托沿錾刻四尾鱼纹，并细刻荷叶脉纹，此纹饰与镇江市丁卯桥窖藏出土器中的荷叶形器盖非常类似。（图二十）

镇江市丁卯桥窖藏出土过7件银茶托。茶托的圈足较高，外撇。托盘口沿呈五出梅花瓣形，略高于盏口，素面无纹饰，做工规整。

山西繁峙县上狼涧村窖藏出土的唐代金银器中有一件鎏金摩羯纹双层莲瓣盏托[42]。通高4.3厘米，圈足高2.3厘米；盏高2.0厘米，口径7.3厘米；托盘最大口径16.8厘米，沿宽1.9厘米。该盏托宽平沿，五曲覆莲形圈足。平沿外呈五边形，盏外沿錾刻双层仰莲瓣纹，里刻联珠纹。盏内錾刻摩羯纹，间刻水珠纹。

（图十九）西安市和平门外平康坊出土的唐代银质鎏金莲花形茶拓子　　（图二十）唐齐国太夫人墓出土的双鱼纹海棠花形鎏金银盏托

12. 茶瓶

陕西省西安市东郊唐墓曾出土一件唐代大和三年（829年）瓷壶，瓶身略矮，肩以下微圆，口部作喇叭形。肩的一侧装圆柱形短流，另一侧安一略显扁圆的曲柄，其上端与喇叭口沿相接，瓶底圈足稍稍外侈，通体施墨绿色釉。瓶底墨书："老导家茶社瓶，七月一日买。壹"等字，可知这类瓷壶是在茶社里使用的茶瓶。长沙窑褐彩题字"许家绝上一升茶瓶好"执壶[43]，也是最近发现的一件茶瓶标准器，以往认为长沙窑类似的短流执壶多为酒器，事实上，从铭文中可知，中国古人对于茶器的区分并不像现在我们想象的这么严格。往往同一类器形，也有不同的用途。

茶瓶亦称汤瓶、水注，其主要功能是烧煮开水冲点茶碗中的茶粉。唐代晚期，点茶法开始出现，茶瓶才成为主要茶器，并流行于宋代，茶瓶也演变成为汤瓶。

五代苏廙的《十六汤品》中有一道富贵汤，"以金银为汤器，惟富贵者具焉"。

镇江市丁卯桥窖藏出土器中的银执壶就是其中的代表茶器，形制为侈口，长流，束颈，长弧腹，矮圈足，其圈足大于壶身，呈圆盘状。肩部一侧置长流，口圆小而峻削，另一侧用较薄的银片曲成环状把手，全身素面无纹饰。这样的壶正符合《大观茶论》的要求："（瓶）嘴之口欲大而宛直，则注汤力紧而不散。嘴之末欲圆小而峻削，则用汤有节而不滴沥。"（图二十一）

---

41 王金秋：《唐齐国太夫人墓出土的银器》，载《收藏家》2003年第9期。
42 李裕民 李宏如：《繁峙上狼涧村发现一批唐代金银器》，载《文物世界》2006年第9期。
43 周世荣编：《唐风妙彩：长沙窑研究卷》，湖南长沙．湖南美术出版社，2008年版，第101页。

崔珏《美人尝茶行》中提到"银瓶贮泉水一掬，松雨声来乳花熟"，说的银瓶，就是银质茶瓶。

（图二十一）镇江市丁卯桥窖藏出土的银执壶

13. 熏炉

熏炉是辅助茶器。唐人注重品茗环境的营造，室内熏香不仅可以保持空气洁燥，更可为品茶增添意蕴。

法门寺地宫出土的系列茶器中，有一件壶门高圈足银熏炉[44]，以前很多人把它当成风炉，认为是煮茶用的炉子，事实上这是一件熏香用的炉子，而且出土时盖面的封签墨书写得清清楚楚："大银熏炉，臣杨复恭"。该熏炉通高56.0厘米，盖高31.3厘米，口径17.7厘米，炉身高25.2厘米，全重3920克。钣金成型，由盖和身组成。盖的顶部做成仰莲瓣，盖面为半球形，上部镂空，还有两层莲瓣。盖沿三层棱台渐收。炉身敛口，深腹，筒状，平底，圈足，其口沿亦有三层渐收的棱台。腹部上小下大，有稳定感。腹壁分内外两层；内层与底铆接；外层亦作圈足。腹下部有六个壶门。炉身两侧，各装一个提耳，以便移动。

镇江市丁卯桥窖藏也有鎏金银熏炉出土，出土时已残损。残高16.0厘米，底径23.0厘米。此器由炉盖、炉身、圈足座三部分组成，炉身可以脱卸，盖残缺。炉身宽沿，折边，凸棱状子口，平底，宽沿面上刻一圈缠枝花卉；座呈喇叭形圈足，周围有对称的四组如意云壶门，两旁各刻一对相向的珍禽，间以卷草、鱼子纹，圈足上端刻缠枝三叶花和鱼子纹带，圈足内刻"力士"二字。（图二十二）

同样，西安何家村窖藏也有银熏炉出土，通高30.9厘米，腹径21.2厘米。熏炉由三部分组成，上层为半圆形盖，盖面相间地镂刻出三层如意云头纹饰，中间铆有仰莲瓣宝珠形钮。中层镂刻一周忍冬桃状纹饰，下部以子母口与下层相连。下层为圆盘状炉身，有五个蹄状足，间置五根链条，使熏炉既可平放，也可悬挂。中、下层结合处，焊接两个如意卧云，起固定作用。熏炉整体造型舒展大方，风格凝重典雅。（图二十三）

---

44 韩玨：《法门寺文物图饰》，北京．文物出版社，2009年版，第301页。

（图二十二）镇江市丁卯桥窖藏出土的鎏金银熏炉 　　　　　　　　（图二十三）西安市何家村窖藏出土的银熏炉

14. 银支架

　　银支架，辅助茶器之一。河南伊川唐齐国太夫人墓出土的鹤首银支架[45]是其中的代表。该支架长14.3厘米，宽13.9厘米，架面高9.6厘米，通高14.6厘米。呈圆角方形，鹤首柄，下承四扁方足，足底为兽蹄状。足、柄用铆钉固定。支架表面镂空，装饰忍冬花结纹。有学者认为，该支架为烘烤茶饼之用，也就是说把待烘烤的茶饼放在银支架上，下燃炭火，用箸炙烤，似不符合逻辑。合理的解释应该是承放茶鍑的支架，与陆羽《茶经·四之器》中提到的交床的功能是一致的。"交床，以十字交之，剜中令虚，以支鍑也。"所以，该银支架也是辅助茶器，位列陆羽《茶经》的二十八器之中。（图二十四）

（图二十四）唐齐国太夫人墓出土的鹤首银支架

　　唐代饮茶方式决定了其茶器的形态和功用，而金银茶器无疑是唐代茶器中最艳丽的奇葩。以上文字，简单检索了历年出土的唐代金银茶器，以陆羽《茶经》所述二十八器为依据，并参以唐代茶文献，对唐代的金银茶器作了系统的梳理。当然，唐代金银茶器研究还远不止于此，有赖于今后考古工作者更多出土材料的面世，以及更多学者参与的更深入的研究。

---

45 王金秋：《唐齐国太夫人墓出土的银器》，载《收藏家》2003年第9期。

引 言

我国是世界上种茶、制茶和饮茶最早的国家。远古时，神农"尝百草，日遇七十二毒，得茶而解之"。汉宣帝时王褒《僮约》中已有"烹茶尽具，酺已盖藏"和"武阳买茶"的记载，这是较早记载茶具和以茶叶作为商品的记载。两晋时"坐客竞下饮"已成为时尚，文人士大夫视饮茶为高雅的享受。唐代饮茶习俗风靡全国，陆羽《茶经》载："盛于国朝两都，并荆渝间，以为比屋之饮。"宋代饮茶之盛，主要表现在城市中茶肆、茶馆、茶坊林立，茶具品种繁多。元明清饮茶已成为人们的习惯，元曲《玉壶春》中有"早晨起来七件事，柴、米、油、盐、酱、醋、茶"，把茶与柴米油盐相提并论，可见茶在人们的日常生活中占有重要地位。

镇江处于长江与运河两条黄金水道的交汇处，水陆交通便利，自六朝以来，即为长江下游商品中转港口。东南茶叶，南北各窑茶具经长江和运河运抵镇江，向东入海运往世界各地。镇江博物馆收藏的茶具除传世外，历年来在墓葬、窖藏、城市文化遗址中出土了大量的制茶工具和饮茶用具，现从中精选出历代不同品种、不同质地的茶具，窥豹一斑，以领略中国古代茶具的精美。

中国的饮茶最早可追溯到神农氏时期,那时是作为药用而受到关注,可说是茶之为饮的前奏,人们喝茶用饮器,往往一器多用,没有专用的茶器。汉至两晋时期,饮茶已成为较为普遍的现象。从王褒《僮约》中可以看出饮茶已进入南方士族家庭,而且还有专门的饮茶器具。三国吴时期,崇茶之风进一步发展,开始注意到茶的烹煮方法,并出现"以茶当酒"的习俗,如吴帝孙皓每次举行酒宴,对不能饮酒的韦曜"密赐茶,以当酒"。两晋、南北朝时期,饮茶与佛教关系进一步密切。

古韵茶香

镇江博物馆馆藏历代茶具精品展

The Tea Cultural Relics Exhibition Of Zhenjiang Museum

远古旋律
——新石器时代至隋代

新石器时代

宽把带流黑陶盖杯

新石器时代良渚文化（约公元前3300—前2200年）
通高10.4厘米　口长10.4厘米
口宽8.0厘米　底径6.8厘米
1983年镇江丹阳县王家山遗址出土

盖顶设圆钮，弧顶。器侈口，前侧有一上翘的长流，束颈，弧腹略外鼓，矮圈足，腹后设半环形宽鋬，鋬面上方镂双孔，两侧刻划两组竖线纹。我国的饮茶最早可追溯到神农氏时期，当时没有专用茶具，往往一器多用。此黑陶杯系当时人们日常生活常用的饮器。

春秋

原始瓷青釉盖盅

春秋（公元前770—前476年）
盖：直径11.0厘米
盅：高6.0厘米 口径12.2厘米 底径6.0厘米
1974年镇江句容县天王公社浮山果园一号土墩墓出土

盖面微弧，辫形钮。器口外侈，深腹，下腹略收，小平底，内有弦纹。胎灰白色，底部无釉，釉色青中泛黄。

春秋

原始瓷青釉盖盅

春秋（公元前 770—前 476 年）
通高 9.5 厘米　口径 17.5 厘米　底径 11.0 厘米
1975 年 5 月江苏金坛县城东公社鳖墩春秋墓出土

盖面呈圆弧形，鸟形钮。器斜方唇，敞口，内口有一周宽边与器盖扣合。斜腹，平底略内凹，器内底有旋纹。胎灰白色，施釉不到底，釉色青中泛黄。

汉
硬陶把杯

汉（公元前206—公元220年）
高9.8厘米 口径11.9厘米 底径10.4厘米
1967年江苏高淳县千家墩出土

圆唇，直腹，平底，腹部设环形把。口沿下饰波浪纹，上下各饰二周凹弦纹。胎红褐色，器表光泽柔和。汉代饮茶方式以煮饮为主，此杯可盛放茶汤。

三国·吴

天玺元年越窑青釉瓷灶

三国·吴天玺元年（公元276年）
长 17.0 厘米
1973年江苏金坛县白塔公社储王庄三国时期吴天玺元年墓出土

平面略呈三角形，灶台前部有出烟孔，其后有两个灶眼。上置甑、釜，一端中空为火门。胎浅灰色，施釉不到底，胎釉结合紧密，釉色青中泛黄。虽是明器，却是当时茗粥方式的直观见证。

收藏于浙江省湖州博物馆的汉青瓷瓮，其肩部刻有"茶"字

"茶"字特写

三国·吴
越窑青釉四系罐

三国·吴（公元222—280年）
高18.5厘米　口径12.5厘米　底径14.0厘米
江苏高淳县化肥厂三国时期吴墓出土

平唇，直口，圆鼓腹，小平底。肩饰四个横向对称半环形系。胎浅灰色，施釉不到底。

此罐造型与浙江湖州东汉晚期墓葬中出土的青釉罐相似，其肩部刻有"茶"字，以证此类器物当为储存茶叶的容器。

东晋

青釉带托盏

东晋（公元317—420年）
托：高2.1厘米　口径16.5厘米　底径14.8厘米
盏：高4.0厘米　口径8.7厘米　底径5.0厘米
镇江市复线工地出土

托敞口圆唇，斜直壁，平底。托内底有弦纹，通体施青釉。盏敞口，弧腹，平底。碗内施满釉，外壁近底处无釉，釉呈青绿色，色泽光亮。

为避免"盏热烫指"，智慧的古人设计出托盘以承盏。李匡乂《资暇录》记载："始建中，蜀相崔宁之女，以茶杯无衬，病其熨指，取楪子承之。既啜而杯倾，乃以蜡环楪子之央，其杯遂定。即命工匠以漆代蜡环，进于蜀相。蜀相奇之，为制名而话于宾亲，人人为便，用于代。是后，传者更环其底，愈新其制，以致百状焉。"但考古发掘资料表明至迟在东晋时，越窑青瓷中盏托已大量出现。

南朝
青釉莲瓣纹碗

南朝（公元420—589年）
高28.0厘米 口径12.6厘米
底径6.0厘米

圆唇，口微敛，深弧腹，假圈足。腹部刻画莲瓣纹，层次清晰，线条流畅，简洁明快。胎灰白色，较疏松。全器施釉，底部无釉，釉色青黄，釉层剥落。

隋
青釉瓷杯

隋（公元 581—618 年）
大杯：高 7.5 厘米　口径 8.6 厘米　底径 3.5 厘米
小杯：高 4.5 厘米　口径 3.4 厘米　底径 2.1 厘米
镇江市句容袁巷出土

大杯口微敞，深腹，平底。胎灰白色，较坚致。全器施釉，底部无釉。
小杯口微敛，深弧腹，平底。胎灰白色，较坚致。全器施釉，底部无釉。

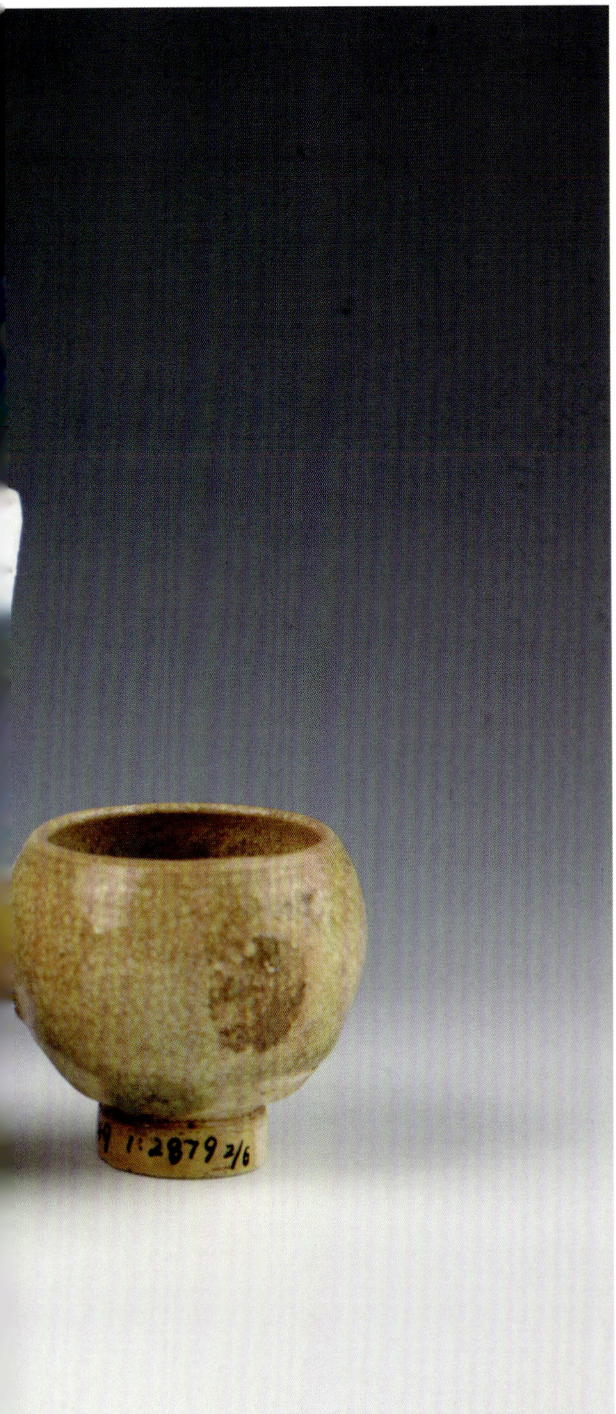
1:2879 2/6

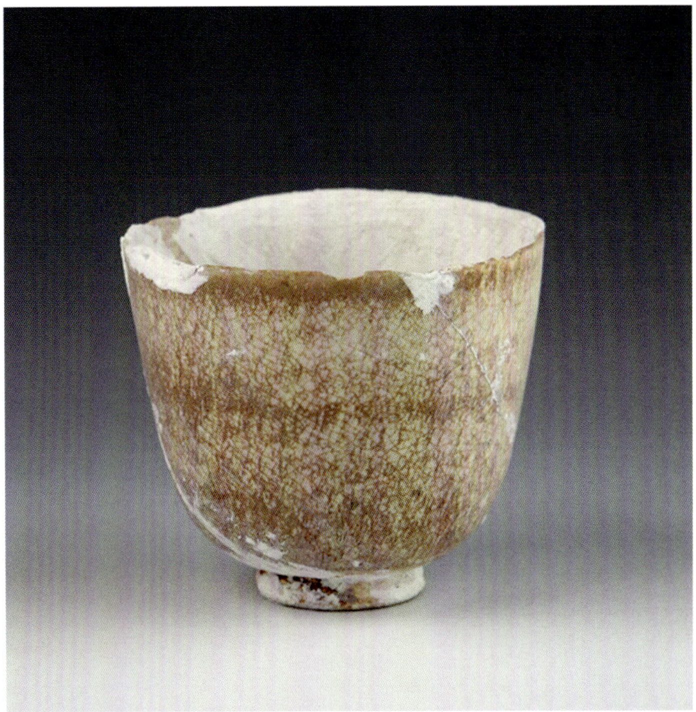

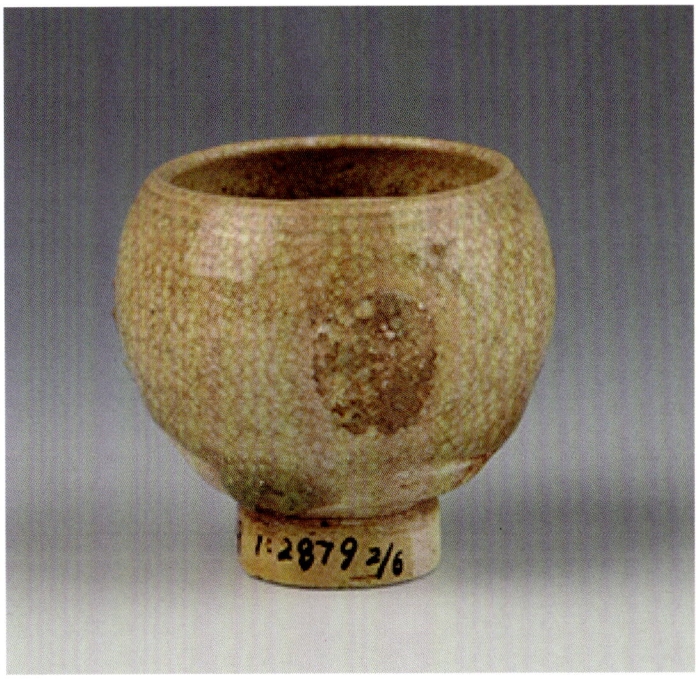
1:2879 2/6

唐代盛行饮茶，陆羽《茶经》载："盛于国朝两都，并荆渝间，以为比屋之饮。"士大夫和文人多以饮茶为韵事，唐人称饮茶为"煎茶"或"煮茶"，煎茶通常用茶铫，煮茶用鍑（釜）。他们不仅讲究茶叶的色、香、味及烹茶方法，对茶具也非常重视。茶器主要以茶釜、茶铫、茶炉、茶碾、茶则、茶碗、茶瓶等为主。

镇江博物馆馆藏唐、五代茶具，不仅有陶瓷质茶具，而且有银质茶具。以镇江丁卯桥唐代窖藏出土的银器为最，共计950余件，出土银器除酒器、粉盒、镯、钗外，其他的都为茶具。这批银器为本地制造，制品多供奉皇室，并錾刻"力士"商标，对全国金银器工艺乃至五代、两宋金银器工艺的发展产生了较大影响。

古韵茶香

盛世华章
——唐、五代

镇江博物馆馆藏历代茶具精品展
The Tea Cultural Relics Exhibiton Of Zhenjiang Museum

我国是世界上制茶和饮茶最早的国家。远古时，神农"尝百草，日遇七十二毒，得荼而解之"，有"烹茶尽具，酺已盖藏"之说。汉代王褒《僮约》记载的"武阳买茶"、"烹茶尽具"，是中国乃至世界最早的茶事记载。西晋杜育作《荈赋》，《广雅》记"荆巴间采叶作饼"，饮茶之风开始兴起，文人雅士对饮茶颇为讲究。自六朝以来，饮茶之风日盛，至唐代，"比屋之饮"、"坐客竟下饮"，饮茶已成为时尚，文人墨客并荆渝两都茶具品种繁多。元明之时，"茶坊林立"，"茶肆"随处可见，茶在日常生活中占有重要的地位。镇江处于长江下游，柴、米、油、盐、酱、醋、茶是百姓日常生活中的商品，其便利的交通，大量的商品货物经长江和运河运抵镇江，向东入海，或中转运往各地。镇江博物馆馆藏历代茶具和饮茶器具种类繁多，不同时期、不同质地的茶具，大多出土在墓葬、窖藏、城市文化遗址中，以使观众窥豹一斑，领略中国传统茶文化。

唐

鎏金双凤纹带盖大银盒

唐（公元618—907年）
高 26.0 厘米　口径 31.0 厘米
腹径 32.0 厘米　底径 25.6 厘米
1982 年元月镇江市丁卯桥唐代窖藏出土

器呈菱花形，外撇式圈足，圈足。盖面锤刻凸花，以衔草翱翔的双凤纹为主题，周边刻8对相向的飞雁，间以缠枝莲花。盒壁上下各刻8对奔鹿，间以卷草纹。颈下刻牡丹团花8朵，圈足刻鸿雁10只。足沿变体莲瓣纹带。外底刻"力士"及"伍拾肆两壹钱贰字"錾文。丁卯桥出土银器中多数刻有"力士"铭文，关于"力士"二字，据今人的研究成果来看，"力士"含有名牌产品的意思。

唐代盛行煎茶或煮茶。饼茶需碾成茶末煮饮，无论饼茶或茶末都需要用容器存放，此盒容量大，用来贮藏饼茶是比较合适的。

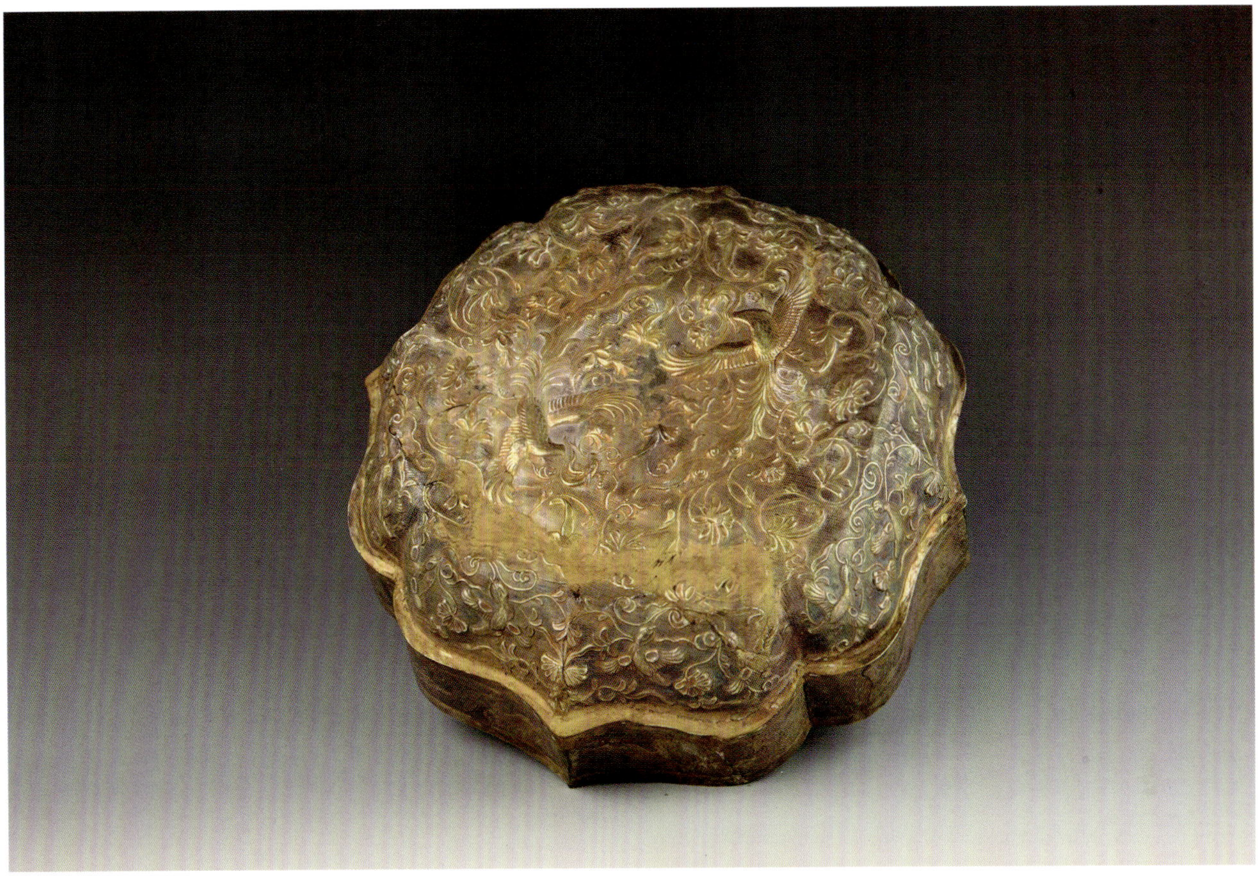

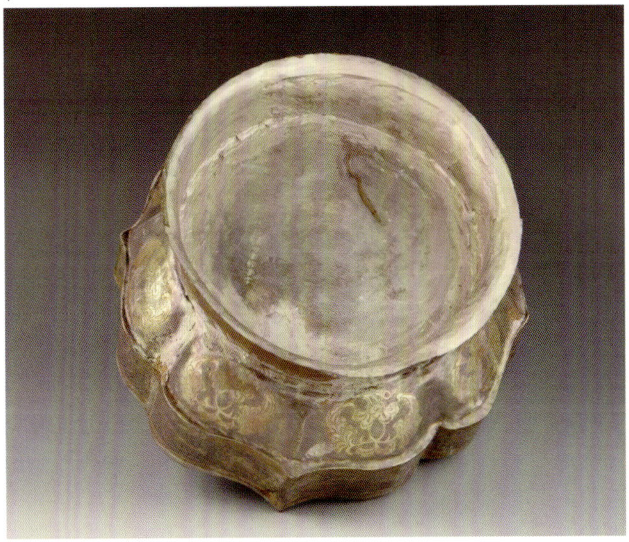

唐
鎏金双鹦鹉纹银盖盒

唐（公元618—907年）
高8.0厘米 口径11.4厘米 足径9.0厘米
1982年元月镇江市丁卯桥唐代窖藏出土

盖与器以子母口相扣。矮圈足。盖面中心錾刻一对衔草鹦鹉，并饰变体莲瓣纹一周。圈外饰飞雁10只，间以缠枝莲花。外壁饰菱形和破式菱形纹。圈足沿饰变体莲瓣纹带。通体以鱼子纹衬地。刻花处均鎏金，锤鍱成型。外底錾刻"力士"二字。

唐代盛行煎茶或煮茶，饼茶需碾成茶末煮饮，茶末需要用容器存放，此盒可用来贮存茶末。

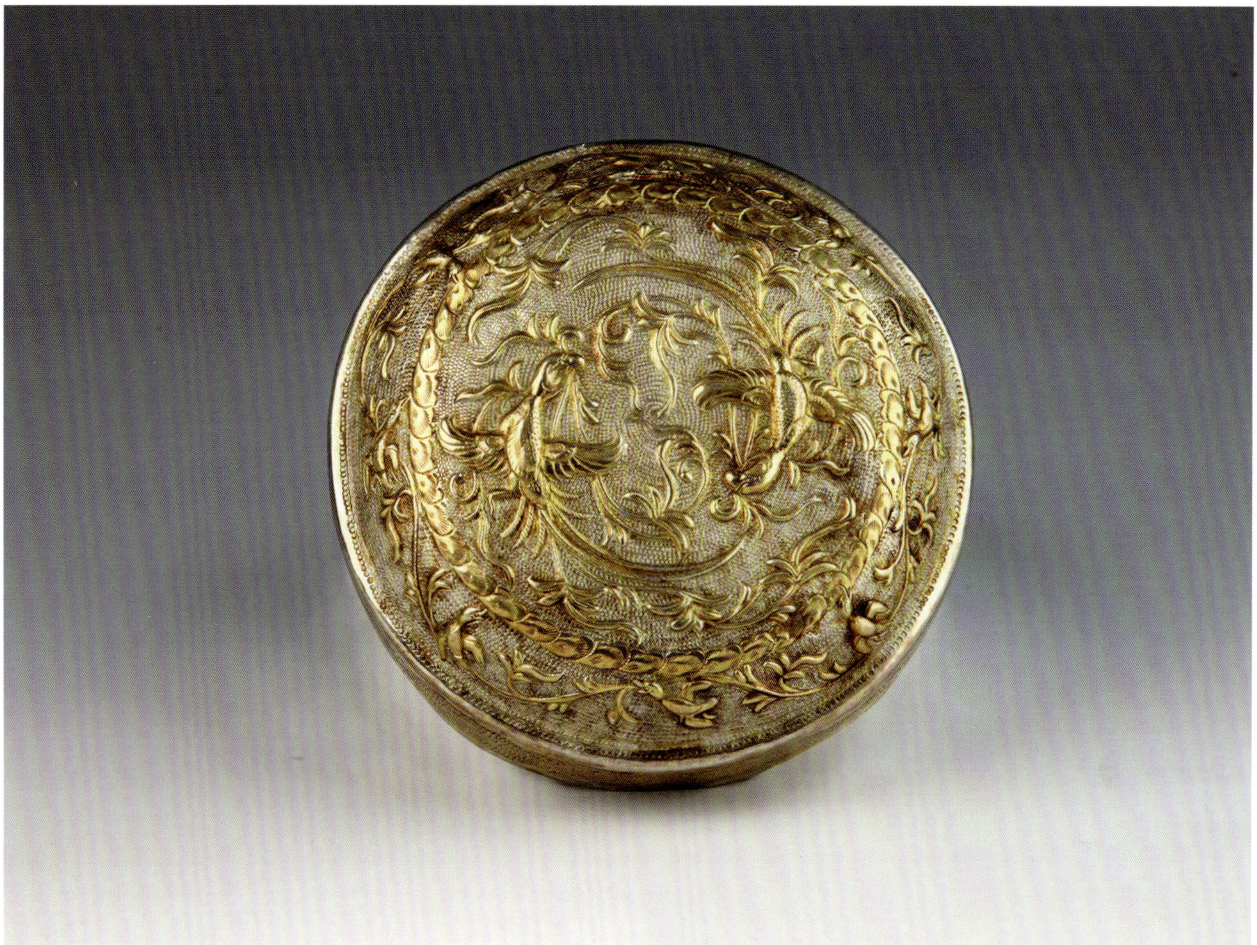

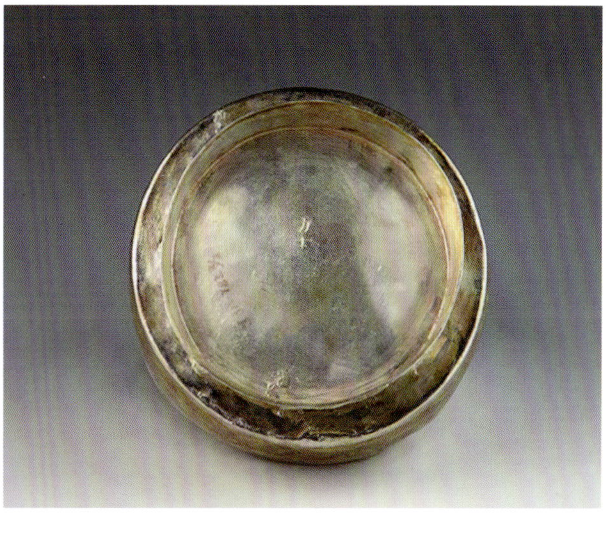

唐《宫乐图》（局部），中间案上放置诸多的金银茶具，亦有银盘

唐
鎏金双凤压花菱形银盘

唐（公元 618—907 年）
高 4.1 厘米　口长 17.0 厘米　口宽 11.5 厘米
足长 13.9 厘米　足宽 9.2 厘米
1982 年元月镇江市丁卯桥唐代窖藏出土

四出菱形，宽沿，平底，矮圈足。内底刻鸾鸟一对及压花火焰宝珠一颗。口沿锤刻缠枝莲花和 8 只飞鸟，鱼子纹衬地。花鸟纹饰及凸起边缘皆鎏金。设计精巧，装饰华丽。可用来放置茶点。

法门寺地宫出土的银鎏金盐台

唐
荷叶形银盖

唐（公元618—907年）
通高7.3厘米　口径20.6厘米
1982年元月镇江市丁卯桥唐代窖藏出土

卷边荷叶形。顶饰柿蒂及曲状钮，盖面錾刻双曲线，盖沿饰四尾立体鱼。内边刻"力士"二字。该器写实风格较强，荷叶的蒂、茎、叶脉都一一表现，錾刻工艺精细，线条流畅。

法门寺地宫曾出土一件蕾钮摩羯纹三足银盐台，由盖、台盘、三足组成，器盖成卷边荷叶状，与此盖相似。因唐代饮茶佐盐调味，此器可能为贮盐器之器盖。

法门寺地宫出土的鎏金银熏炉

唐
壶门圈足座银熏炉（残）

唐（公元 618—907 年）
残高 16.0 厘米　底径 23.0 厘米
1982 年元月镇江市丁卯桥唐代窖藏出土

出土时已残损。从现存部分看，分上、中、下三层，可以拆卸。圈足四周有对称的镂空如意云纹。两侧各刻一瑞鸟，间饰卷草，外围各以联珠纹带作束腰形抱合。基座二层面上各刻以破式菱形、蔓草及变体莲瓣纹。中间为承盘，宽沿，折边，平底。沿面刻一圈缠枝花卉，折边饰破式菱形纹一周，鱼子地。上部是炉盖，直壁，弧顶，葫芦形钮（上部分已残损）。钮饰重瓣覆莲纹。圈足内刻"力士"二字。熏炉为熏煮器具，可列为辅助茶具之一。

陕西省西安和平门外出土的银托，上有"大中十四年八月造成浑金涂茶拓子一枚，金银共重拾两捌钱叁字"的铭文

唐
银盏托

唐（公元618—907年）
高8.5厘米　口径8.8厘米
1982年元月镇江市丁卯桥唐代窖藏出土

变体莲瓣形，中有凹圈以承盏，喇叭形圈足，圈足内刻"力士"二字。西安和平门外曾出土银托7件，其中一件在圈足内有："大中十四年八月造成浑金涂茶拓子一枚，金银共重拾两捌钱叁字。"茶拓子即茶托。此银盏托与之有异曲同工之处。

唐

银茶䥈

唐（公元618—907年）
高10.0厘米 口径25.6厘米
1982年元月镇江市丁卯桥唐代窖藏出土

宽沿，微上翘，深圆腹，圜底，沿面设有一对护耳及环状提梁，口沿下刻"力士"二字。

唐代茶䥈，可用铁、银、石、瓷等材料制作，将碾好的茶末放入其中煎煮，是唐代重要的煮茶器之一。正如《茶经》所云："䥈，以生铁为之，洪州以瓷为之，莱州以石为之。瓷与石皆雅器也。性非坚实，难可持久。用银为之，至洁。"

河南洛阳伊川唐齐国太夫人墓、西安何家村窖藏有同类茶器出土。

唐
银执壶

唐（公元618—907年）
通高25.4厘米　口径6.6厘米　底径8.4厘米
1982年元月镇江市丁卯桥唐代窖藏出土

宝塔形盖，盖钮呈宝珠形，侈口，束颈，长弧腹，矮撇式圈足，肩部设长流及把。底部有"力士"二字。

晚唐时，一种新的饮茶方法兴起，即以茶瓶煮沸水，冲点碗中的茶末，称为点茶。点茶最重要的器具是茶瓶，即执壶，此壶既用于煮汤，又用于点茶。蔡襄《茶录》有载："汤瓶，瓶要小者易候汤，又点茶注汤有准……"

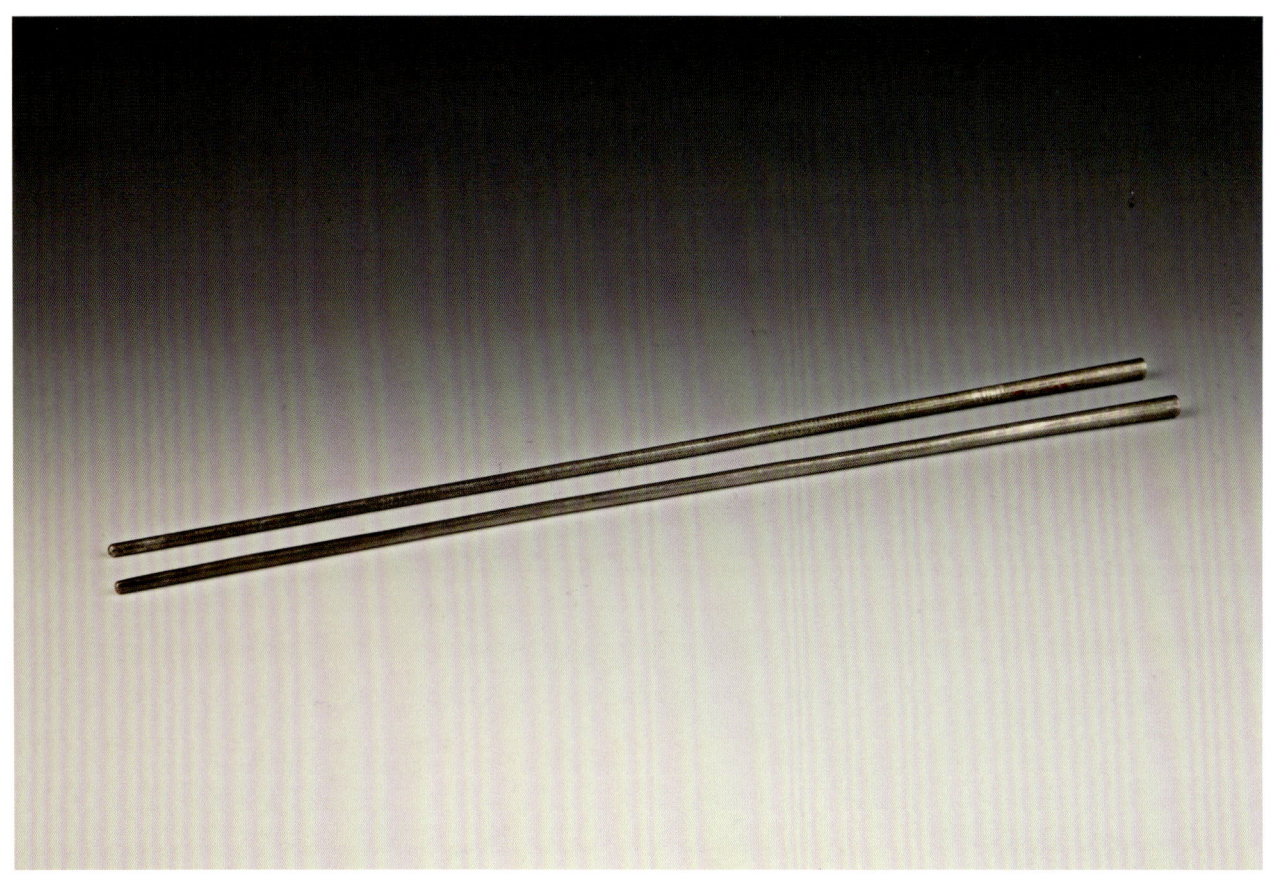

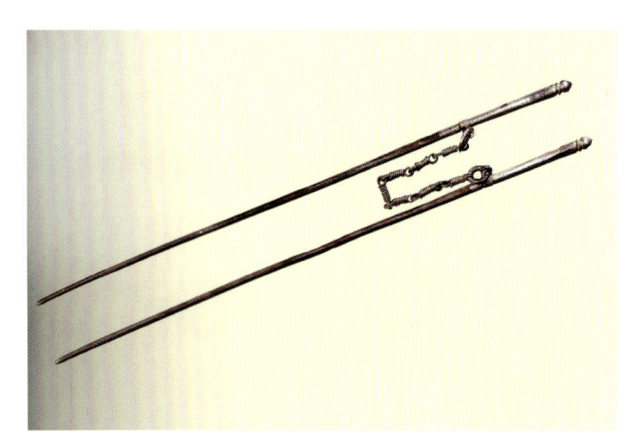

法门寺地宫出土的银火箸

唐
银箸

唐（公元618—907年）
长32.0厘米
1982年元月镇江市丁卯桥唐代窖藏出土

顶端作葫芦形，圆杆状。通体鎏金。上部刻"力士"二字。

银箸又称火筴。唐代煮茶使用炭火风炉，火筴是不可或缺的夹炭的器具。《茶经》云："火筴，一名箸，若常用者。圆直一尺三寸，顶平截，无葱薹勾鏁之属，以铁或熟铜制之。"

法门寺地宫出土的鎏金银茶则

唐

银则

唐（公元618—907年）
长33.0厘米
1982年元月镇江市丁卯桥唐代窖藏出土

则面作铲形，近椭圆，长扁柄稍曲。柄背面刻"力士"二字。

则即匙，当为茶具之一，名曰茶匙，茶匙的用途是取适量的茶粉放入茶盏中，点茶时用以击拂、搅拌汤花使茶末溶于汤中。蔡襄《茶录》"茶匙"条云："茶匙要重，击拂有力。黄金为上，人间以银铁为主。竹者轻，建茶不取。"

唐《宫乐图》局部

唐
银勺

唐（公元618—907年）
长 26.0 厘米
1982年元月镇江市丁卯桥唐代窖藏出土

勺呈半球形，长扁柄稍曲。柄背面刻"力士"二字。
台北故宫博物院收藏有一幅《宫乐图》。图中绘一长案，宫中贵妇围坐，侍女立于四周，桌中放一大茶瓯，一女子手执长柄勺正在将茶汤分入盏里。此器当为舀取茶汤的银勺。

唐·长沙窑
刻画莲纹研磨器

唐（公元618—907年）
高4.1厘米 口径15.0厘米 底径5.7厘米
1992年镇江市中山路拓宽工程工地出土

敞口，浅腹，玉璧底。碗内湿胎刻画莲纹。胎灰白色，口沿一周施褐釉。此器为研磨茶饼的器具，与棒杵配合使用，把饼茶研磨成茶末，是唐宋时期重要的茶具之一。

唐·长沙窑

青釉褐斑瓜棱瓷水注

唐（公元618—907年）
高 8.0 厘米　口径 8.8 厘米　底径 6.5 厘米
1995年镇江市解放路大地开发工地出土

圆唇，敛口宽边，圆鼓瓜棱腹，腹下内收，假圈足，口沿下设八棱形短流。腹部饰对称的三组褐斑。胎灰白色，施釉不到底，釉色青黄。

唐代煮茶的主要茶器为风炉和茶釜，水注作为辅助茶器系装水之用。

唐·越窑

青釉玉璧底碗

唐（公元618—907年）
高3.5厘米 口径14.6厘米 底径6.5厘米
镇江市南门车站出土

敞口，浅腹，玉璧底。胎质细腻，青釉匀净滋润，优雅秀致。此碗在唐代称为"茶瓯"，是专门用于饮茶的。

唐·越窑

青釉瓷碗

唐（公元 618—907 年）
高 3.3 厘米　口径 14.5 厘米　底径 6.0 厘米
镇江丹阳县大泊砖瓦厂出土

敞口，浅腹，玉璧底。胎质细腻，青釉匀净滋润，优雅秀致。

唐·长沙窑
青釉瓷执壶

唐（公元618—907年）
高10.3厘米　口径3.6厘米　底径4.1厘米
镇江市煤球厂出土

尖圆唇，卷沿，小口，短束颈，圆溜肩，鼓腹，假圈足。肩部设圆形短直流，扁平状柄，两侧设条形系。器腹饰褐斑。胎灰白色，施釉不到底。

唐
黄釉盘口瓷渣斗

唐（公元618—907年）
高9.3厘米 口径12.8厘米 底径7.0厘米
镇江市煤球厂出土

圆唇，喇叭口，束颈，扁圆腹，平底。胎浅黄色，全器施釉，底部无釉。此器形在汉代时就已出现，六朝时为盘口，口径较大。唐时器颈变细，此物可用以盛敛茶滓剩水，类似陆羽《茶经·四之器》中提到的"滓方"，为辅助茶器。

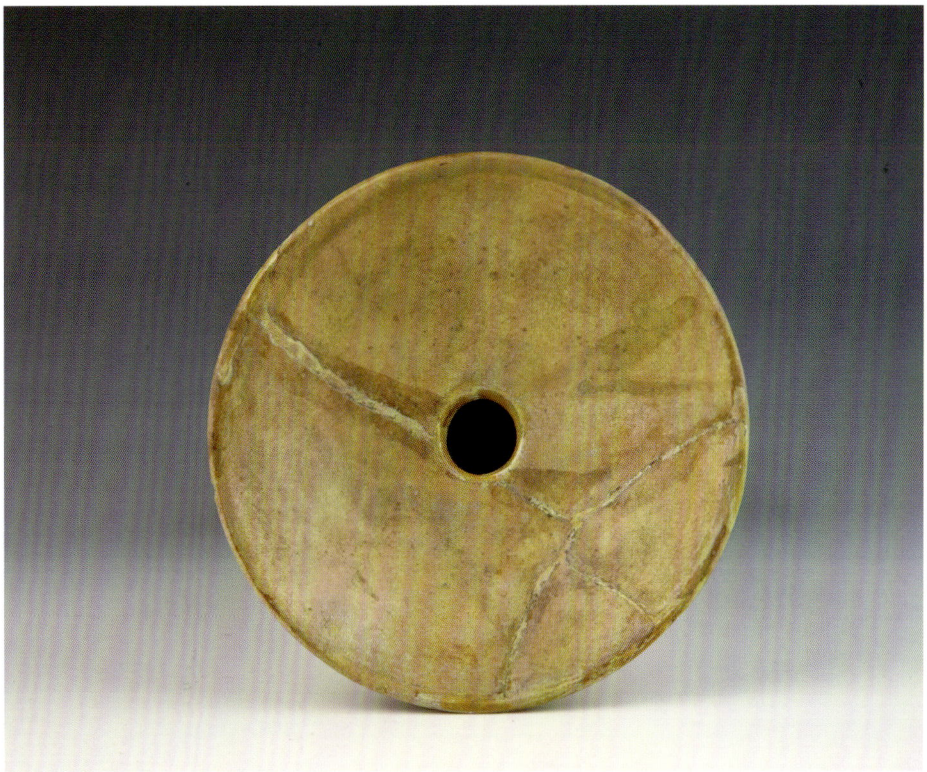

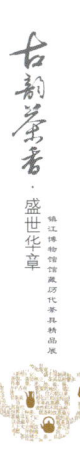

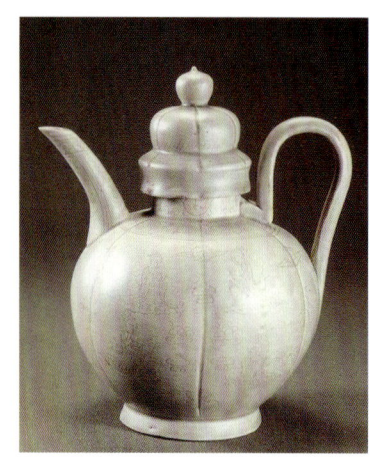

首都博物馆藏韩佚墓出土的越窑青釉宴乐纹执壶

五代·越窑
青釉团花纹瓷执壶

五代（公元907—960年）
通高20.0厘米　口径4.9厘米　足径7.9厘米
1975年镇江市何家门五代墓出土

塔式盖，直口，短颈，丰肩，球腹，圈足微外侈。肩部设流，流细长略有弧度，流口与壶口相平，柄高于壶口。器盖饰云纹和羽状纹，颈部、柄与流饰云纹，肩部饰卷叶纹，器身饰4组缠枝团花与折枝花图案。胎浅灰色，细腻，全器施釉，釉色滋润。

五代·越窑

青釉鹦鹉纹瓷碗

五代（公元907—960年）
高7.9厘米 口径18.4厘米 足径6.9厘米
1975年镇江市何家门五代墓出土

敞口，口微外撇，弧腹，下腹渐收，圈足。碗心饰一对鹦鹉纹，鹦鹉头尾相向，线条刻画简洁。胎浅灰色，细腻，全器施釉，釉色青翠润泽。

茶兴于唐而盛于宋，宋代饮茶之盛，茶成了人们日常生活的必需品之一，突出表现在城市中茶肆、茶馆、茶坊林立，茶汤品种繁多。宋代饮茶内容丰富于前朝，"点茶"广为流行，"斗茶"时尚兴起。

宋时镇江城内居民多沿河而居，商肆夹渠而列，商业繁荣，尤其是南宋政府在镇江设立了最重要的三个榷货务都茶场之一，专卖茶叶、盐、舶来品等。同时民间又出现"交引铺"，经营茶盐等"钞引"的纸质货币流行。在古运河沿岸宋代文化地层中发现了有关茶坊的陶瓷具，如黑釉茶盏、执壶、杯等。黑釉茶盏数量惊人，仅以一处为例，在发掘的30平方米中就出土了160件之多，有的在茶盏底部墨书"陈"、"钱"、"刘"、"朱"等姓氏，表明当时茶坊林立，为防止混淆，各家在器物上写上姓氏名号，反映出镇江宋代时期茶文化的发达。

古韵茶香

文人情怀——宋代

镇江博物馆馆藏历代茶具精品展

The Tea Cultural Relics Exhibiton Of Zhenjiang Museum

北宋·龙泉窑
青釉瓷杯

北宋（公元960—1127年）
高7.5厘米　口径10.0厘米　底径6.0厘米
镇江市宝盖山北宋"冲照大师"墓出土

圆唇，直口，深腹，浅圈足。腹部刻画莲瓣纹，层次清晰，线条流畅，简洁明快，胎灰白色，较坚致，全器施釉，底部无釉，釉色青黄，釉层匀净。

北宋·景德镇窑
青白釉刻暗花瓜楞瓷执壶

北宋（公元960—1127年）
通高16.2厘米 口径6.6厘米 底径8.8厘米
1973年4月镇江市磷肥厂北宋墓出土

盖心内凹，边缘有一圆孔。壶直口，短颈，丰肩，瓜楞形腹，平底，肩部设细流，扁平状柄，柄上有一圆孔，为系带之用。器表刻画花纹。胎白细密，全器施釉，釉色滋润。

北宋·景德镇窑
青白釉瓷盏托

北宋（公元 960—1127 年）
高 5.5 厘米　口径 8.2 厘米　底径 6.5 厘米
1973 年 4 月镇江市磷肥厂北宋墓出土

盏托呈盘形，托边向上翘起，中连半球形凹圈，圈足较高。胎质细腻，结釉处闪青，釉色晶莹剔透。

北宋·景德镇窑

青白釉带托盏

北宋（公元960—1127年）
高6.3厘米 口径5.8厘米 底径4.1厘米
镇江市南郊水泥制杆厂北宋墓出土

托呈盘形，中连半球形凹圈，圈足较高；盏口沿镶银边，斜腹，圈足。通体施青白釉，胎质细腻。

北宋·景德镇窑
青白釉瓷带托盏

北宋（公元 960—1127 年）
盏高 4.2 厘米　口径 9.2 厘米　足径 3.5 厘米
托高 3.0 厘米　口径 12.7 厘米　足径 5.9 厘米
镇江市登云山北宋墓出土

托呈盘形，口外撇，器心凸起莲瓣形托座，圈足；盏六瓣葵口，浅腹，小圈足。胎白略粗，全器施釉。

河北宣化辽墓壁画中的点茶图，宋辽时期漆器在日常生活中的用途很广

宋

漆盖盒

宋代（公元960—1279年）
高 4.5 厘米　口径 9.3 厘米　底径 9.4 厘米
江苏宜兴市和桥出土

圆形，子口，银锭式内格。盒表施酱色漆，盖内施褐色漆，底髹黑色漆，内格髹相间酱色漆、黑色漆。

品茶离不开茶点，此类漆盖盒亦可盛放茶点。

宋

漆碗

宋代（公元960—1279年）
高5.7厘米　口径12.1厘米　足径7.3厘米
江苏宜兴市和桥出土

碗敞口，宽平沿，腹壁呈弧线下收，高圈足，外撇。碗外髹酱色漆，碗内及圈足底髹黑色漆，口沿有一圈黑漆边。薄木胎，器形规整匀称，漆面光洁细腻，线条轻盈流畅，色泽光润，灿烂如新。表面与器腹施相间酱、黑色漆，尤为别致。

宋
十二曲六角鎏金银盏

宋代（公元960—1279年）
高4.8厘米　口径10.0厘米　底径4.4厘米
1982年江苏溧阳县平桥乡小平桥村宋代窖藏出土

口呈十二曲栀子花形，深腹，圈足亦作十二曲六角栀子花形。底心、内壁刻栀子花，圈足边为几何纹带，纹饰处鎏金。

宋
复瓣莲花银盏

宋代（公元960—1279年）
高5.3厘米　口径9.0厘米　底径4.5厘米
1982年江苏溧阳县平桥乡小平桥村宋代窖藏出土

敞口，深腹，圈足外撇。盏腹刻复瓣莲花，口沿饰一周联珠纹，底心凸刻"十三籽"莲蓬；圈足錾刻复瓣覆莲，足沿刻一周联珠纹。

宋
狮子绣球纹海棠形带托银盏

宋代（公元960—1279年）
盏：高4.6厘米 口径8.0厘米 底径3.7厘米
托：高1.2厘米 口径14.0厘米 底径11.0厘米
1982年江苏溧阳县平桥乡小平桥村宋代窖藏出土

托呈海棠花形，平沿，浅腹，平底。口沿刻回纹，托底心饰牡丹花、细云纹，盏托底心为高浮雕双狮盘旋追逐火球；盏直口，斜弧腹，圈足。口沿内为卷草纹，近底为覆莲纹，底心为狮子戏球纹，外腹为凸乳钉。圈足为四瓣花纹。

宋

鎏金带托银盏

宋代（公元960—1279年）
盏：高7.1厘米　口径8.7厘米　底径5.0厘米
托：高1.8厘米　口径16.8厘米　底径12.4厘米
1982年江苏溧阳县平桥乡小平桥村宋代窖藏出土

托平沿，浅腹，平底。以雷纹为地，盘内为四组凸花变形饕餮纹，内底心为套环纹；盏仿商周青铜簋，侈口，直颈，圆鼓腹，喇叭形高足，双螭龙耳。颈部饰两周方雷纹，腹部为雷纹地斜方格乳钉纹。兽首耳正面为雷纹地乳钉纹，圈足下部有一道雷纹。纹饰处均鎏金。

河北宣化辽墓壁画中的备茶图，右边侍女手拿着渣斗，左边侍女手拿着盖托。渣斗应是辅助茶具之一

北宋
酱釉瓷渣斗

北宋（公元960—1127年）
高9.0厘米　口径18.5厘米　底径6.0厘米
1993年镇江市青云门群盛大厦工地出土

为碗和鼓腹罐的复合体，碗为大敞口，斜弧腹，罐为扁鼓腹，浅圈足。在宋代文人雅集的画作中，各茶点茶器摆放桌上，常见渣斗的器形，可见渣斗系辅助茶器。

河北宣化辽墓壁画中备茶图，此为一茶童正在碾茶的场景

宋
陶茶碾

宋（公元 960—1279 年）
碾槽残长 31.4 厘米　宽 3.0 厘米　碾轮径 2.0 厘米
1992 年镇江市中山路华联二期工地出土

碾槽呈长条形，槽内凹陷，上宽下窄；碾轮，状如车轮，中空以穿轴。

宋代斗茶先斗色，再斗汤。先把团饼茶以净纸包裹捶碎，而后用茶碾碾成细末，罗筛后，放入茶盒内备用。

宋
褐釉茶铫

宋（公元960—1279年）
高6.4厘米 口径13.5厘米 底径5.5厘米
1998年镇江市双井路环球开发工地出土

直口，折腹，平底，口沿有一匜式流，一侧有一管状把手，上有一小圆孔，内可装木柄。

铫为煮水器。唐代流行煮茶，宋代流行点茶，煮茶与点茶的相同之处，是用茶铫煮汤和煮水。

河北宣化辽墓壁画中有煎茶的场景，左下炉上放置的正是点茶用的执壶，又叫汤提点

宋·景德镇窑

青白釉八楞形瓷执壶

宋（公元960—1279年）
高 24.5 厘米　口径 7.0 厘米　底径 9.5 厘米
1995 年镇江市斜桥街中房开发工地出土

喇叭口，细长颈，八楞形腹，假圈足，肩部一侧设长流，对称处设把手。

晚唐时，点茶开始出现，即以茶瓶中煮沸的水，冲点放在碗中的茶末。点茶最重要的器具是茶瓶，即执壶，唐宋时通常称为汤瓶，此壶既用于烧水，又用于点茶。蔡襄《茶录》云："汤瓶，瓶要小者易候汤，又点茶注汤有准……"

宋·景德镇窑

青白釉点褐彩柳斗纹瓷罐

宋（公元960—1279年）
高5.5厘米　口径7.5厘米　底径3.7厘米
镇江市无线电制杆厂出土

圆唇稍外撇，颈部微收，圆腹，平底。肩颈部饰褐色乳钉，乳钉下饰柳斗纹。胎白细腻，全器施釉，釉色白中闪青，莹润剔透。

此罐的用途可能是装茶粉，将茶粉装好后，罐口封起来，扎好储存。

宋

酱釉莲瓣纹瓷盏托

宋（公元960—1279年）
高8.6厘米 口径7.5厘米 底径5.5厘米
1994年镇江市大市口商城工地出土

托呈盘形，中连鼓腹形凹圈，圈足较高。盏口沿饰一周弦纹，盏腹部刻画仰莲纹。全器施酱釉。

瓷盏托最早出现于东晋时期，一般为圆形浅盘，上承碗盏。宋代盏托形制较多，盏有敛口、侈口、花口，下以盘承接，高圈足，有的托圈内中空。

南宋

陶研钵

南宋（公元 1127—1279 年）
高 6.7 厘米　口径 19.5 厘米　底径 8.6 厘米
1995 年镇江市吴家门高层写字楼工地出土

敞口，斜腹，小平底。器湿胎内刻画若干细竖线条，以器里为中心向器口呈放射状分布。

与唐代一样，宋代无论团饼茶及散茶，皆需碾末点茶，茶研就成了重要的茶具之一。

南宋·赣州窑

褐釉乳钉纹柳斗罐

南宋（公元1127—1279年）
高9.0厘米　口径9.5厘米　底径3.6厘米
1993年镇江市解放北路拓宽工程工地出土

卷圆唇，束颈鼓腹，腹下内收，小平底。颈部饰白釉乳钉纹，上下间以凹弦纹，腹部为柳斗纹。胎褐色，器表无釉，口沿及器内施褐色釉。

赣州窑位于江西赣州，始烧于宋代。此窑生产的高足杯与柳斗罐，具有地方特色。1976年，韩国新安海底打捞元代沉船一艘，打捞元代瓷器17000余件，其中就有与此件相同的赣州窑柳斗瓷罐。

南宋·吉州窑
褐釉贴花瓷茶盏

南宋（公元1127—1279年）
高8.6厘米 口径7.5厘米 底径5.5厘米
1993年镇江市解放北路拓宽工地出土

口微敛，下腹内收，饼足略内凹。内壁装饰剪纸奔鹿纹，外壁为玳瑁斑纹。剪纸贴花是将剪纸纹样直接贴在含铁量高的底釉器上，再施一层含铁量较低的竹灰釉，入窑高温烧成。

宋代斗茶的茶汤以纯白为上，而黑釉盏最宜观色。饮用前先把团茶饼碾成细末放入茶碗，沏以沸水，待盏面浮起一层白色的汤花，看盏的内沿与汤花相接处有无水痕，依据水痕出现的早晚定胜负，早者为负，晚者为胜，称为"咬盏"。

南宋·吉州窑
褐釉玳瑁纹瓷茶盏

南宋（公元 1127—1279 年）
高 5.0 厘米　口径 10.6 厘米　底径 3.0 厘米
1995 年镇江市解放路大地开发工地出土

敞口，弧腹，圈足，圈足外壁有刮削痕，足低而厚。整器为黑、黄等色交织在一起而形成的玳瑁纹。胎米黄色，较疏松，全器施釉，施釉不到底。

玳瑁纹是以铁为呈色剂的高温窑变结晶釉装饰工艺，在黑釉中呈现出浓淡相间、黑黄等色交织的斑纹，如玳瑁背甲上的色调，变化多样，绚丽多彩。

南宋·吉州窑
褐釉鹧鸪斑纹瓷茶盏

南宋（公元1127—1279年）
高5.5厘米 口径11.0厘米 底径3.7厘米
镇江市政东路地委院内宋代居住遗址出土

敞口，弧腹，圈足，圈足外壁有刮削痕，足低而厚。整器为黑、银、黄、白等色交织在一起，形似鹧鸪鸟羽毛般的花纹。

宋·吉州窑

褐釉斗笠瓷茶盏

南宋（公元 1127—1279 年）
高 5.3 厘米　口径 16.5 厘米　底径 3.1 厘米
1995 年镇江市解放路大地开发工地出土

大敞口，浅腹斜收，小圈足，形似斗笠。碗内透出黄褐、蓝、铁锈色的毫毛状流纹，其状如兔毫，外壁为玳瑁纹。胎米黄色，疏松，全器施釉，底部无釉。

南宋·建窑
黑釉瓷茶盏

南宋（公元1127—1279年）
高4.0厘米　口径10.5厘米　底径3.0厘米
镇江市出土

敞口，斜腹，小浅圈足。全器施釉，施釉不到底。
建窑又称建阳窑，烧瓷时间上自晚唐、五代，下至宋、元，烧瓷品种有青釉、黑釉、青白釉等，以烧黑釉器最为著名。此窑黑釉器的特点是胎土富含铁质，呈黑紫色。

元代，饮茶沿袭宋俗，内蒙古赤峰元宝山元墓壁画上的《进茶图》描绘了桌上的研茶器、点茶的盖盂、汤瓶、茶托盏等，展现了自晚唐至元流行的烹、点茶的饮茶内涵。明代，饮茶之风更盛，饮茶习俗与前朝不同，宋元时出现的芽茶此时广为推进，饮茶之法一改唐宋流行的烹、点茶的饮法，为散茶瀹泡的新饮法，制茶、品饮、茶具都变化一新，如茶壶看重砂壶，因为砂壶泡茶既不夺香，又无熟汤气，故被视为佳品。清代饮茶风尚与明代无异，饮茶主要用壶、杯之类。

镇江博物馆收藏的元明清茶具，来源于窖藏、墓葬、古井以及传世品等。窖藏出土的茶具主要有金坛县洮西公社湖溪大队元代窖藏出土的银茶盏；市西津渡清代遗址道光年间瓷器窖藏，出土近100件（套）带托盖碗、果盘等。明清墓葬中出土的茶具以紫砂茶具为多。

古韵茶香

溢彩流光
——元、明、清

镇江博物馆馆藏历代茶具精品展

The Tea Cultural Relics Exhibiton Of Zhenjiang Museum

元
银盏

元代（公元 1271—1368 年）
高 2.5 厘米　口径 7.0 厘米
金坛县洮西公社湖溪大队元代窖藏出土

圆唇，腹略鼓，平底。在口沿下分别有"董乙郎"、"林子成"戳记。

明
双耳玉杯

明（公元 1368—1644 年）
通高 3.0 厘米　口径 6.9 厘米　双耳最宽处 9.8 厘米

口沿外侈，圆腹，圈足，双兽耳，光素无纹。此器材质为青白玉，玉色温润。除陶瓷茶具外，玉、象牙、牛角等质地的茶具是明清时期的一大特色。

明 陈洪绶《高隐图卷》(局部),明代紫砂壶往往体型较大,亦可放在茶炉上煮茶

明·宜兴窑

紫砂圆壶

明(公元1368—1644年)
高13.0厘米 口径7.5厘米 底径11.0厘米
1965年丹徒县辛丰区山北公社前桃村古井出土

缺盖。壶小口,无颈,球腹,平底内凹成圈足,肩设宽大曲流,扁条形柄。口沿下刻画细弦纹。紫泥为胎,壶嘴与壶把钻孔塞泥而成,器里粗糙涩手。此壶造型古朴,线条流畅,粗犷敦厚。

壶底有烟熏痕迹,应为煮茶器。明代书画中有许多用紫砂壶煮茶的场面。

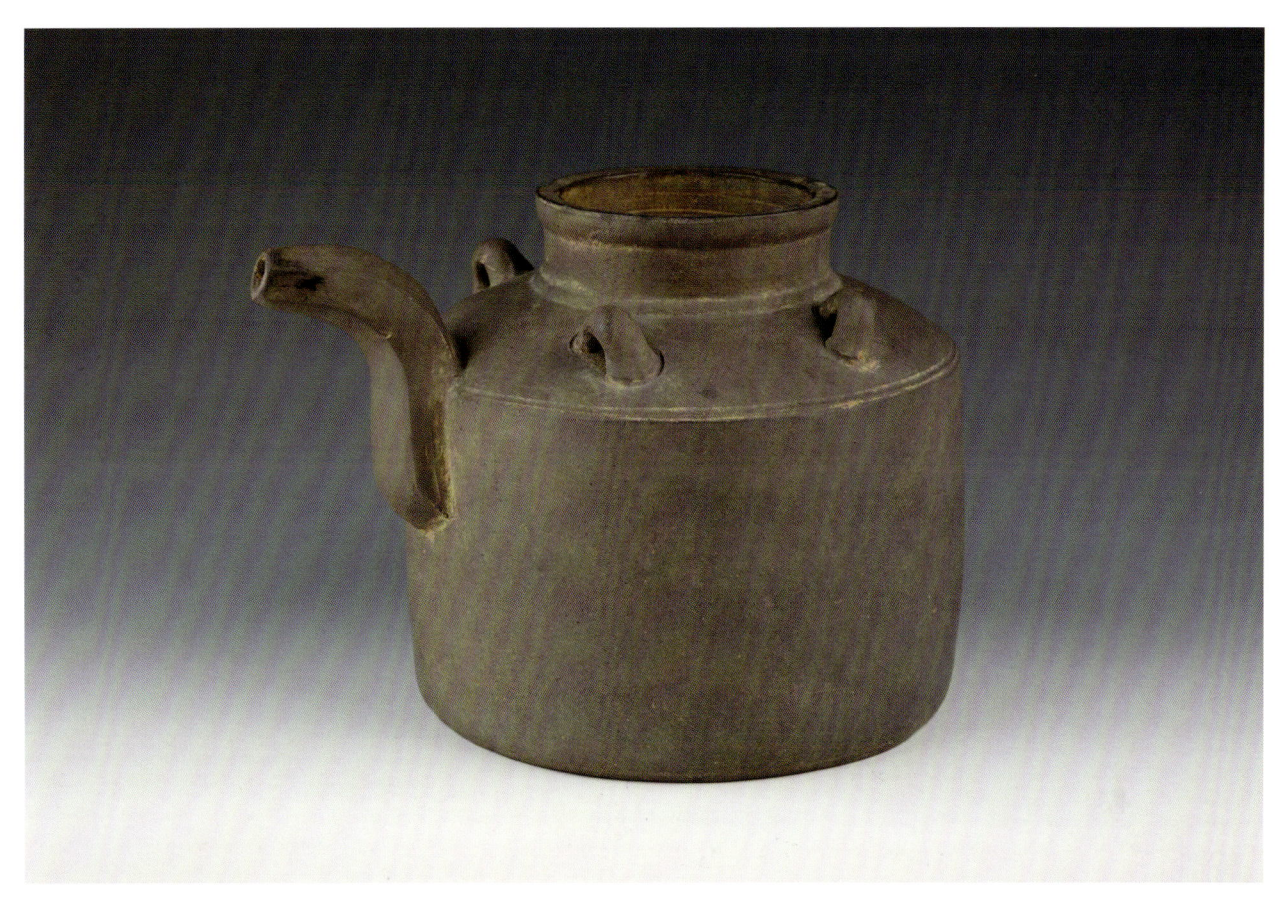

镇江博物馆藏品——明代谢环的《杏园雅集》图（局部）里有文人雅集煮茶场景

明·宜兴窑

四系紫砂壶

明（公元 1368—1644 年）
高 14.7 厘米　口径 8.7 厘米　底径 15.8 厘米
1978 年句容县春城公社出土

平唇，短颈，折肩，圆形直腹，平底内凹成圈足，肩部设六棱长流，内孔为长方形，流口低于壶口，四个对称的环形泥条系。紫泥为胎，胎较细腻。

明

紫砂穿心铫

明（公元1368—644年）
高10.5厘米 口径12.0厘米
1993年镇江市解放北路拓宽工地出土

敛口，扁圆腹，一弯流，把手中空，一侧有一孔通向底部，腹部有一周弦纹。明许次纾《茶疏》中提到："煮水器 金乃水母，锡备柔刚，味不咸涩，作铫最良。铫中必穿其心，令透火气，沸速则鲜隔风逸，沸迟则老熟昏钝……"此茶铫可验证许氏之说。穿心铫分两类，一为侧烟道，二为直烟道，此即侧烟道穿心铫，明代较多，到了清代中期以后，直烟道穿心铫渐多。此茶铫砂质偏红，铫身上下两部分拼合而成，内壁可见泥片拼接痕，壶嘴也采取铆接法镶接而成，明代紫砂初创期的特征明显。

清·宜兴窑
紫砂汉方壶

清（公元 1644—1911 年）
通高 13.7 厘米 口长 8.2 厘米 底长 10.2 厘米
1973 年镇江市林隐路瓷厂基建工地出土

器呈长方形。腹略鼓，腹径大于底径和口径，平底，浅挖假圈足，长流，流口低于壶口，腹内流孔为长方形，把残断，底心有一圆形戳记。

清 · 宜兴窑

紫砂双桃有流盖杯

清（公元1644—1911年）
高10.3厘米　口径8.8厘米　底径4.5厘米
军区政治部

整体作四瓣瓜棱形。盖面隆起，盖顶堆塑双桃为钮。器平唇，短平流，圈足。

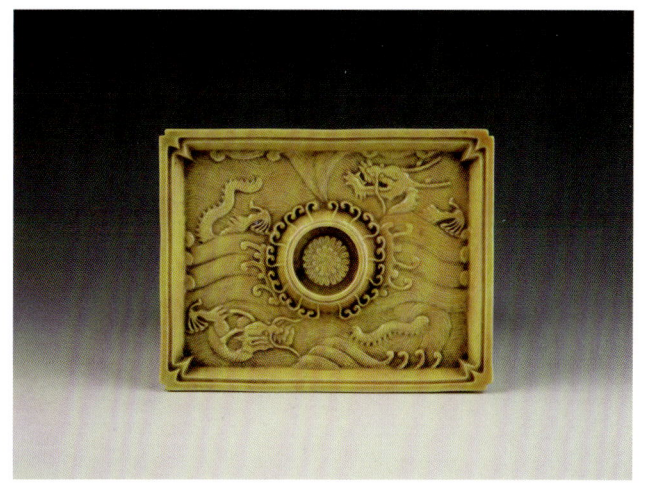

清·康熙

黄釉海水龙纹瓷方托盘

清康熙（公元1662—1722年）
高1.6厘米 外径13.5厘米×10.0厘米 内径2.9厘米
底外径13.0厘米×7.3厘米 底内径4.1厘米
原清宫旧藏

器呈长方形，浅腹。器内心有一凸圈，可放置茶盏，平底。底心为莲花，四周为海水龙纹。圈足内有"大清康熙年制"双行六字楷书官窑款。

清·康熙

黄釉暗龙纹圆形瓷托盘

清康熙（公元 1662—1722 年）
高 1.7 厘米　口径 14.0 厘米　底径 10.6 厘米
原清宫旧藏

敞口，浅腹。器内心有一凸起的圆台，可放置茶盏，圈足。盘内底刻龙纹。圈足内有"大清康熙年制"双行六字楷书官窑款。

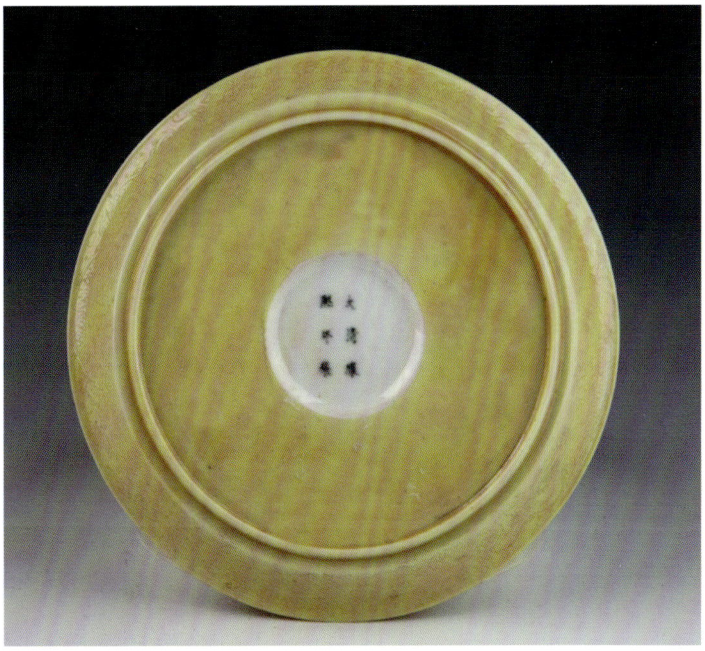

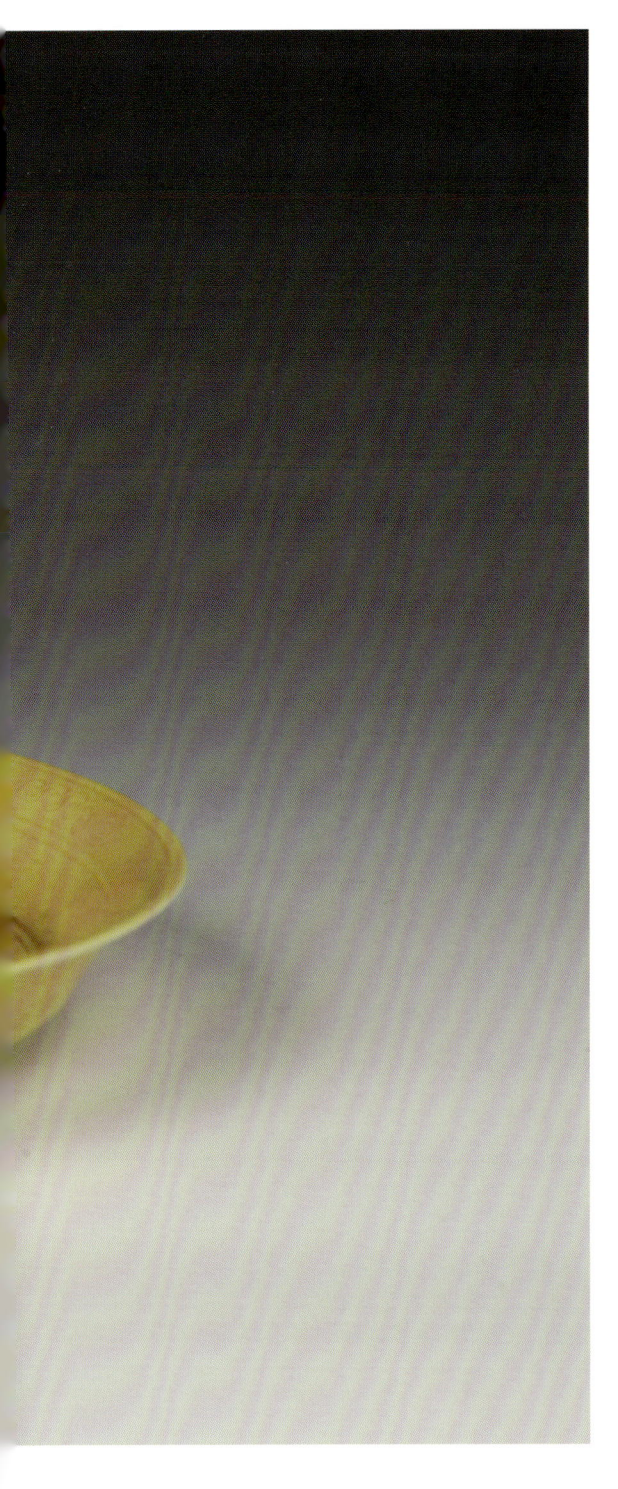

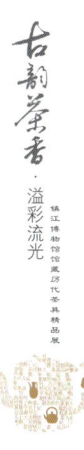

清·康熙
青花圆形瓷托盘

清康熙（公元1662—1722年）
高1.8厘米 口径11.4厘米 足径8.8厘米
原清宫旧藏

敞口，浅腹，浅圈足。器内心有一凸圈，可放置茶盏。内底托周围绘青花缠枝纹。足内双圈有"大清康熙年制"双行六字楷书官窑款。

清·雍正
青花莲子纹瓷盅

清雍正（公元1723—1735年）
高5.9厘米 口径9.5厘米 底径3.9厘米
原清宫旧藏

敞口，深腹，圈足。内底绘莲花纹，腹部绘莲纹。足内双圈有"大清雍正年制"双行六字楷书官窑款。

清·乾隆

御制三清茶诗瓷碗

清乾隆（公元 1736—1795 年）
高 5.4 厘米　口径 10.7 厘米　底径 4.8 厘米
原清宫旧藏

敞口，深腹，圈足，内有"大清乾隆年制"六字篆书官窑款。内外口沿下及外近底部为如意纹，内底心绘梅花，外腹部为乾隆御题诗一首："梅花色不妖，佛手香且洁。松实味芳腴，三品殊清绝。烹以折脚铛，沃之承筐雪。火候辨鱼蟹，鼎烟迭声火。越瓯泼仙乳，毡庐适禅悦。五蕴净大半，可悟不可说。馥馥兜罗递，活活云浆澈。偓佺遗可餐，林逋赏时别。懒举赵州案，颇笑玉川潏。寒宵听行漏，古月看悬玦。软饱趁几余，敲吟兴无竭。"落款为"乾隆丙寅小春御题"，末尾钤"乾"、"隆"篆书圆、方二章。

乾隆帝在位 60 年，每年新正必举行茶宴，茶宴上准备的茶美其名曰"三清茶"，由梅花、佛手、松实沃雪烹茶。三清茶具是清代皇室定制的茶具，品种包括陶瓷、漆器、玉器等，三清茶瓷具以青花、矾红釉为多见。

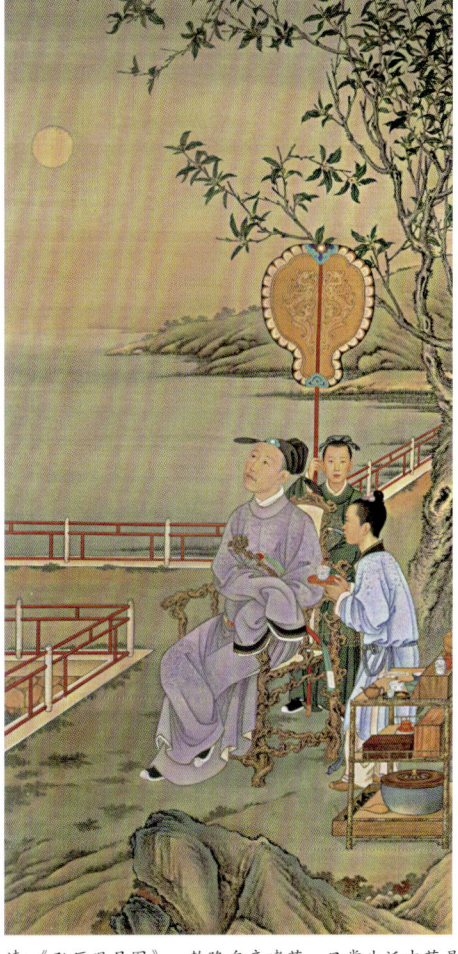

清《弘历观月图》，乾隆皇帝嗜茶，日常生活中茶是必不可少的

清·乾隆
粉彩过枝纹瓷碗

清乾隆（公元 1736—1795 年）
高 6.0 厘米 口径 11.0 厘米 足径 4.5 厘米
原清宫旧藏

撇口，深腹，圈足。足内有"大清乾隆年制"三行六字篆书官窑款。外腹绘过枝花卉癞瓜，自碗外牵连入内，翠竹与盘绕的枝蔓相得益彰，彩蝶飞舞其间。彩绘癞瓜的果肉以红彩涂抹，色彩艳丽。

清·乾隆
斗彩团花纹瓷盖罐

清乾隆（公元1736—1795年）
高12.0厘米　口径5.6厘米　底径6.3厘米
原清宫旧藏

盖面平坦。罐口沿内敛，圆鼓腹，下腹内收，浅圈足。盖面正中间绘团花，内为菊花纹，盖边绘缠枝菊花纹；罐肩部与近底部绘小花朵纹，腹部绘团花，内为菊花纹，间以缠枝花卉。圈足内有"大清乾隆年制"三行六字篆书官窑款。

明清时期以散茶为主，散茶喜温燥而忌冷湿。炒制好的茶叶需要贮存，贮存器具一般或陶瓷或锡器，此器可用于贮存茶叶。

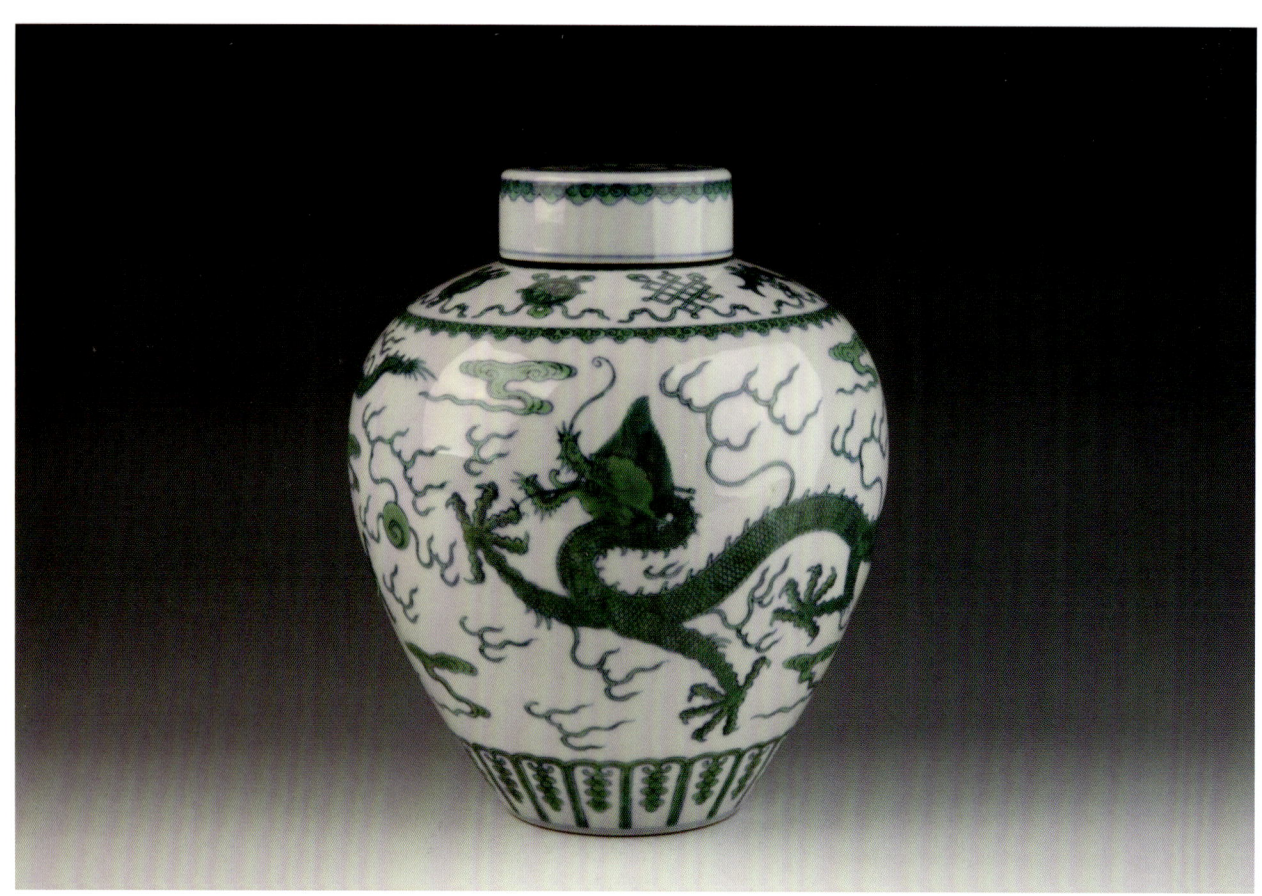

清·乾隆
白地青花绿龙纹瓷盖罐

清乾隆（公元1736—1795年）
高 21.0 厘米 口径 6.5 厘米 底径 8 厘米
原清宫旧藏

盖面平坦。罐直口，短颈，溜肩，圈足。全器以白釉为地，青花勾边填以绿彩，肩部绘八宝纹，腹部绘龙纹，近底部绘莲瓣纹。底部有"大清乾隆年制"三行六字篆书官窑款。此器可用于贮存茶叶。

清·景德镇窑
青花船形瓷托

清（公元 1644—1911 年）
高 3.4 厘米　底径 5.8 厘米 ×4.8 厘米
破四旧鉴留

器呈船形，内底有一凸圈，可放置盏，方足，足内为"乾隆年制"款。全器绘青花缠枝纹。因其形似舟，遂以茶船或茶舟名之，用以承茶盏防烫手之用。

清·景德镇窑
青花十字花形瓷茶托

清（公元1644—1911年）
高5.0厘米 足径4.4厘米
破四旧鉴留

器呈四瓣花形，敞口，弧腹，圈足，足内为"乾隆年制"款。全器绘青花缠枝花卉纹。器内心为几何图案，周以白边承托茶盏。

清
广彩人物花鸟纹双耳瓷杯

清（公元 1644—1911 年）
高 7.3 厘米 口径 14.5 厘米 底径 7.0 厘米
江苏溧阳县征集

圆唇，深腹，浅圈足，腹部饰一对称的环形绳索系耳。腹部开光绘《西厢记》人物故事，间绘花鸟纹。碗腹开光内绘手执折扇的张生、莺莺与红娘站在庭院中说话。

广彩是"广州织金彩瓷"的简称，是吸收传统的古彩技艺仿照西洋表现手法，经彩绘、烘烧制成的彩瓷，盛行于清代雍正、乾隆时期。当时为适应外销的需要，将景德镇所烧的素瓷坯运到广州，根据外商的需要，加以彩绘。

清
白地粉彩人物纹带托盖碗

清（公元1644—1911年）
通高9.7厘米　盖口径12.0厘米　足径4.3厘米
金山文物馆移交

盖弧面，盖顶饰环形捉手，盖扣于碗的内口；器敞口，深腹，圈足。托口沿外撇，中空，圈足。盖捉手、碗圈足内有"同治年制"款。整器绘《西厢记》人物故事。碗盖画面为庭院深深，芳草萋萋，手执折扇的张生、莺莺与红娘正立于庭院中；碗腹画面为张生手执折扇与前来送别的莺莺惜别，赴京赶考。

带托盖碗茶具盛行于清代，上至皇室、下至百姓皆喜用带托盖碗，主要是既可以防灰尘落入碗内，又可防烫手。

清道光年间瓷器窖藏出土时的场景

清·道光
青花带托盖碗

清道光（公元1821—1850年）
高11.4厘米　口径12.5厘米　底径5.4厘米
2009年镇江市西津渡清代遗址瓷器窖藏出土

盖弧面，盖顶饰环形捉手，盖扣于碗的内口；碗敞口，圆唇，斜弧腹，圈足。托，敞口，圆唇，斜弧腹，圈足。有的在盖捉手、碗足、托足内有"大清道光年制"款。青花盖、碗、托外壁绘对称的三组"囍"字，间以缠枝灵芝、蝙蝠纹。

清

冬青釉带托盖碗

清（公元 1644—1911 年）
高 11.2 厘米　口径 12.4 厘米　底径 5.4 厘米
2009 年镇江市西津渡清代遗址瓷器窖藏出土

盖弧面，盖顶饰环形捉手，盖扣于碗的内口；碗敞口，圆唇，斜腹弧收，圈足。托，敞口，圆唇，折腹，圈足内收。盖捉手、碗、托足内有的为"大清"二字，有的为"大清道光年制"款，有的为"画押"款。

清
粉彩瓷盖碗

清（公元 1644—1911 年）
高 8.5 厘米　口径 10.0 厘米　足径 4.3 厘米
捐赠

盖弧面，盖顶饰环形捉手，盖扣于碗的内口；碗敞口，圆唇，斜腹内收，圈足。盖面绘人物山水纹，器腹绘人物纹。

清
白地五彩人物纹茶盏

清（公元 1644—1911 年）
高 7.0 厘米　口径 10.5 厘米　足径 4.3 厘米
军区政治部移交

敞口，斜腹内收，圈足。腹部绘人物纹。

清
黄地绿彩莲枝花纹有流盖杯

清（公元 1644—1911 年）
高 6.0 厘米 口径 9.0 厘米 底径 5.5 厘米
军区政治部移交

盖顶堆塑双桃为钮。器平唇，一侧为流口，圈足。全器以黄釉为地，绘以绿彩莲枝花纹。

清
莲瓣纹橙皮盖罐

清（公元 1644—1911 年）
通高 8.5 厘米　口径 3.8 厘米
腹径 8.6 厘米　底径 5.0 厘米
接收自汪伪政府

圆形，橙皮，褐色。有盖，盖面微隆。圆唇、短颈、溜肩，下腹内收，平底，假圈足，盖与腹部刻莲瓣纹。

此器为可贮存茶叶的茶叶罐。清代茶叶罐的质地除紫砂、瓷质外，还有竹、牙、角等材质。此器用橙皮制作，首先要选上等橙皮，其次内里挖空，再次外壁雕刻花纹，最后修饰成型，制作工艺较为复杂。

清
莲花纹狮钮盖青玉方壶

清（公元 1644—1911 年）
通高 10.8 厘米　口长 3.9 厘米 × 4.4 厘米
底长 3.5 厘米 × 3.4 厘米
镇江市财政局工商联移交

壶以青玉制成，整器呈扁方形，有盖，盖面较平，盖顶饰狮形钮。器平唇，短直颈，深腹，方形足较高，微外撇。腹部一侧有一流，对称处为螭形把手。清代以玉制作的小型玉壶，主要用于欣赏和把玩。

清
翡翠带托盖碗

清（公元 1644—1911 年）
通高 9.0 厘米　碗高 6.2 厘米　底径 3.9 厘米
镇江博物馆馆藏

盖碗以翡翠制成。盖面微隆，盖顶饰环形捉手。碗撇口，深腹，腹下渐收，圈足；托为银质，呈荷叶形，叶边内卷，圈足。

清
乳丁纹单耳玉杯

清（公元 1644—1911 年）
高 2.7 厘米　口径 6.9 厘米　底径 5.2 厘米
镇江市财政局工商联移交

杯以青白玉制成。器平唇，浅腹微鼓，圈足。腹部设圆环形把，上刻如意纹，腹部饰乳丁纹。

清

桃形玛瑙杯

清（公元1644—1911年）
通长9.8厘米 宽5.5厘米 高5.3厘米
镇江市两清办公室移交

杯以玛瑙制成，呈半桃形；器平唇，深腹；杯的一侧镂雕一螭作柄，螭口衔着杯沿，螭爪伏于杯腹，长尾用力撑住杯底，起平衡作用。

《说文·虫部》："螭，若龙而黄，北方谓之地蝼，从虫，离声。或云无角曰螭。"螭与龙的区别是龙有角，螭无角。

古韵萦香·溢彩流光

清
双耳玉杯

清（公元 1644—1911 年）
高 2.6 厘米　口径 5.6 厘米　足径 3.4 厘米
苏州文管会移交

杯为圆形，青白玉，平唇，浅腹，圈足，平耳。腹部饰乳丁纹。

后记

记得2011年11月在龙泉参加中国古陶瓷学会龙泉青瓷研讨会期间，我和镇江博物馆藏品部主任刘丽文聊起合作办展之事，双方一拍即合，从镇江博物馆引进茶具展览有了初步意向。让我没想到的是，会议结束后回镇江，刘主任第一时间就把馆藏茶具的图片传给我，不仅让我对这个展览有了信心，更是充满了期待。

与此同时，2012西湖国际茶文化博览会暨西湖龙井茶开茶节的筹备工作也在紧锣密鼓地进行着。为了增加活动内容，提升文化含量，王建荣馆长决定引进"古韵茶香——镇江博物馆馆藏历代茶具精品展"，并策划镇江与杭州两地开展品茶品泉的雅集活动。展览由朱珠珍副馆长负责，她亲自带领陈列部相关人员到镇江博物馆挑选展品，镇江博物馆杨正宏馆长、王永明副馆长及张小军副馆长对展览给予大力支持。两馆的同人们紧密合作，全力以赴，为展览的顺利举行付出了辛勤的劳动。

展览于2012年6月1日圆满结束，我们适时编辑出版图录，希望通过图录的出版，让更多的人了解展品背后所蕴涵的信息，从而更大程度地了解中国博大精深的茶具文化。

由于编者水平有限，加之时间仓促，在图录编写过程中难免存在疏漏，不当之处，请方家指正！

郭丹英

2012年6月

附录：

"古韵茶香——镇江博物馆馆藏历代茶具精品展"开幕式及展览部分照片

展览现场。

镇江市文化广电新闻出版局（镇江市文物局）马建中副局长在展览开幕式上讲话

展览开幕式现场

展览的同时举办了"赛茶赛水品茶香"雅集活动，吸引了大量的茶友。图为雅集时的香道表演现场